Adolf Lippold / Harald Popp
Kontinuität und Wandel in der späteren römischen Kaiserzeit

Arbeitsmaterialien
für den Geschichtsunterricht
11. Jahrgangsstufe
Herausgegeben von A. Atzerodt, K. Möckl, K. H. Ruffmann

R. Oldenbourg Verlag München

Zu diesem Schülerarbeitsblock gehört ein Lehrerheft,
Bestell-Nr. 00771

Titelbild: Reiterhelm, Messingbronze, durch Weißmetall teilweise „versilbert", reich verziert, mit zahlreichen Inschriften versehen. Fundort: Das neuentdeckte römische Militärlager bei Theilenhofen (zwischen Weißenburg und Gunzenhausen). Der Helm befindet sich derzeit im Landesamt für Denkmalpflege, Abteilung für Vor- und Frühgeschichte, München.
Foto: Ruppaner

© 1977 R. Oldenbourg Verlag GmbH, München

Das Werk ist urheberrechtlich geschützt. Die dadurch begründeten Rechte, insbesondere die der Übersetzung, des Nachdrucks, der Funksendung, der Wiedergabe auf photomechanischem oder ähnlichem Wege sowie der Speicherung und Auswertung in Datenverarbeitungsanlagen, bleiben auch bei auszugsweiser Verwertung vorbehalten. Die in den §§ 53 und 54 Urh.G. vorgesehenen Ausnahmen werden hiervon nicht betroffen. Werden mit schriftlicher Einwilligung des Verlages einzelne Vervielfältigungsstücke für gewerbliche Zwecke hergestellt, ist an den Verlag die nach § 54 Abs. 2 Urh.G. zu zahlende Vergütung zu entrichten, über deren Höhe der Verlag Auskunft gibt.

1. Auflage 1977   4 3 2   80

Composersatz: Satzstudio Frohberg, Freigericht
Druck und Bindearbeiten: E. Rieder, Schrobenhausen

ISBN 3-486-00761-0

Inhaltsverzeichnis

Vorwort 5
Einordnung 6
    Kontinuität und Wandel in der späteren römischen Kaiserzeit 6
    1. Pax Romana – Krisen des 3. Jahrhunderts n. Chr. 6
    2. Neuordnung des Reiches unter Diokletian und Konstantin 7
    3. Römische Religionspolitik – Christianisierung des Imperiums 7
    4. Rom und die Germanen 8
    5. Probleme der Kontinuität 9
Zeittafel 10
Quellenteil 11
  I   **Pax Romana** 11
      Q 1 Das Imperium Romanum um 150 n. Chr. 11
      Q 2 Constitutio Antoniniana von 212 n. Chr. 12
  II   **Die Krisen des 3. Jahrhunderts n. Chr.** 13
      Q 3 Lasten römischer Bürger unter Kaiser Caracalla (211–217) 13
      Q 4 Barbareneinfälle unter Gallienus (253–268) 13
      Q 5 Kaiser Aurelianus (270–275) 13
      Q 6 Geldentwertung um 260 14
      Q 7 Der Währungsverfall vom 2. zum 3. Jahrhundert (Th. Pekáry) 14
      Q 8 Probleme wirtschaftshistorischer Darstellung (M. Rostovtzeff) 15
  III **Neuordnung des Reiches unter Diokletian und Konstantin** 16
      Q 9 Kaiser Diokletian (284–305): Dominus et Deus 16
      Q 10 Reichsreform unter Diokletian 16
      Q 11 Diokletian aus der Sicht des modernen Historikers (J. Vogt) 17
      Q 12 Das Preisedikt Diokletians von 301 (sog. Maximaltarif) 17
      Q 13 Zwangsbindung der Ratsherren 18
      Q 14 Zur Lage der Kolonen 19
      Q 15 Sklaven in der Spätantike 19
  IV   **Römische Religionspolitik im 4. Jahrhundert n. Chr.** 20
      Q 16 Das Toleranzedikt von Nikomedien (30.4.311) 20
      Q 17–19 Hinwendung Konstantins zum Christentum 20
      Q 17 Eusebius 20
      Q 18 Lactantius 21
      Q 19 Inschrift auf dem 315 in Rom errichteten Triumphbogen 21
      Q 20 Das erste ökumenische Konzil: Nicaea (Bithynien) 325 21
      Q 21 Wiederherstellung des alten Kultes durch Kaiser Julian (361 n. Chr.) . 22
      Q 22 Das Glaubensedikt des Theodosius von 380 22
      Q 23 „Staatskirche" unter Theodosius? (A. Lippold) 23
      Q 24 Der Streit um den Altar der Victoria – Bittschrift des Symmachus . 23
      Q 25 Die Entgegnung des Ambrosius 24
      Q 26 Kirchenbuße des Theodosius, Mailand, Weihnachten 390 25
      Q 27 Theodosius' Buße – Das Urteil der Mit- und Nachwelt (W. Enßlin) . 25
  V   **Das Alte und das Neue Rom** 26
      Q 28 Einnahme Roms durch die Westgoten (410) 26
      Q 29 Romidee um 400 26
      Q 30 Romidee und Realität (M. Fuhrmann) 27
      Q 31 Verhältnisse in der Stadt Rom 28
      Q 32 Gründung des Neuen Rom (Konstantinopel) 28
      Q 33 Konstantinopel und Rom um 450 29
  VI   **Rom und die Germanen** 30
      Q 34 Germanen im römischen Dienst 30
      Q 35 Ulfila (Wulfila), Bischof der Goten (ca. 310–383) 30
      Q 36 Beginn der „Völkerwanderung" 31
      Q 37 Zusammenbruch der römischen Herrschaft am Rhein und in Gallien . 32

Q 38 Der Westgotenkönig Athaulf und das Imperium Romanum ... 32
Q 39 Verfall römischer Herrschaft in Gallien ... 33
Q 40 Römer und Hunnen zur Zeit Attilas (434—453) ... 33
Q 41 Attila in Gallien (451) ... 34
Q 42 Bekehrung des Frankenkönigs Chlodovech (Chlodwig) zum Christentum ... 35
Q 43 Landnahme der Vandalen ... 35
Q 44 Die Gotenherrschaft in Italien und das Kaisertum im Westen ... 36
Q 45 Religiöse Toleranz als Prinzip der Überzeugung und Anpassung (W. Enßlin) ... 36
Q 46 Verfall des Grenzschutzes an der Donau ... 37

VII Zur Kulturgeschichte der Spätantike ... 38
Q 47 Kodifikation des römischen Rechtes ... 38
Q 48 Einige Rechtsgrundsätze aus den Digesten ... 39

VIII Nachwirkungen der Spätantike ... 40
Q 49 Die Kontinuitätsfrage in der Wissenschaft (J. Vogt) ... 40

Begriffsglossar ... 41

Literaturhinweise ... 43

Register ... 44

Abkürzungen:

A.:	Anmerkung(en)
BKV	Bibliothek der Kirchenväter (hrsg. von Bardenhewer u. a. 1911 ff.; ¹1860 ff.)
HZ	Historische Zeitschrift
LAW	Lexikon der Alten Welt (s. Literaturverzeichnis)
ND	Nach- bzw. Neudruck
TB	Taschenbuch
Q	Quelle
*	wichtige, besonders empfohlene Literatur (s. Literaturverzeichnis)

Vorwort

Kontinuität und Wandel sind Grundprobleme für jegliche Beschäftigung mit Geschichte, vor allem aber auch für die Auseinandersetzung mit der Vergangenheit und die Frage ihres Wirkens in der Gegenwart. Wegen der Auswirkungen nun auf spätere Zeiten, wurden die Fragen nach Kontinuität und Wandel für kaum einen Zeitraum der Geschichte so oft gestellt und so gründlich untersucht wie bei den Diskussionen um den „Untergang" oder „Niedergang" des Römischen Reiches beziehungsweise den Übergang von der „Antike" zum „Mittelalter". Dabei hat es sich erwiesen, daß es nicht ausreicht, dafür nur die Zeit von etwa 300 n. Chr. an im Auge zu haben, d. h. die Regierungszeit der Kaiser Diokletian und Konstantin, in welcher das Imperium Romanum wesentliche Veränderungen erfuhr (dazu S. 18 ff. u. Q 9 ff.). Daher wollen wir für diese Unterrichtsreihe, ohne seine Auffassungen sonst zu teilen, ähnlich wie einst E. Gibbon (vgl. S. 9) von der Zeit um 150 n. Chr. ausgehen. Damals schien das Imperium Romanum intakt und hatten offenbar sehr viele Bewohner des Reiches Anteil an den Segnungen der Pax Romana (vgl. S. 6 f. und Q 1). Für diesen Ausgangspunkt, der ja wie jeder Ansatz zu einer Periodisierung nur Behelf sein kann, spricht nun, daß nur wenig später der Einfall der Markomannen und anderer *barbarischer*, speziell *germanischer* Stammesgruppen zur Zeit des Kaisers Marcus Aurelius die durch die Barbaren von außen her drohenden Gefahren in aller Deutlichkeit vor Augen stellte und ungefähr gleichzeitig dann das Christentum begann, immer mehr Menschen in seinen Bann zu ziehen. Damit ist auf die beiden Kräfte (Barbaren und Christentum) hingewiesen, welche fortan zwar nicht allein das Geschehen bestimmten, aber doch entscheidende Anstöße für die weitere Entwicklung des das Imperium Romanum bildenden Raumes gaben. Die Entfaltung des Christentums und das Vordringen von griechisch-römischer Kultur unberührter Völkerschaften bzw. Stammesgruppen gilt es in gleicher Weise zu beachten, wenn man die Umwandlung der Mittelmeerwelt, so wie sie sich um 150 n. Chr. darbot, bis hin zur Zeit um 550 recht verstehen will. Die bald nach 150 immer härter und riskanter werdende Auseinandersetzung Roms mit den Barbaren, bei der es keineswegs immer nur um Abwehr, sondern auch um die Suche nach Möglichkeiten der Koexistenz und der Integration ging, endete wenigstens im Westen mit dem Sieg der Barbaren, doch keineswegs damit, daß nun durchweg an die Stelle des Römischen das Barbarische trat (vgl. S. 30 ff. u. Q 34 ff.). Entsprechend gilt es für die zweite, hier etwas näher zu behandelnde Auseinandersetzung festzuhalten, daß zwar das Christentum siegte — sogar in West und Ost — jedoch geistig führende Christen wesentliche Elemente antiken Geistesgutes rezipierten und so den Prozeß einer Verschmelzung erleichterten (vgl. S. 20 ff. u. Q 16 ff.).
Die in diesem Vorwort nur anzudeutende Thematik ist gewiß umfassend und ihre wissenschaftliche Erforschung erfordert die Zusammenarbeit von Spezialisten verschiedenster Disziplinen, wie etwa der Alten und Mittleren Geschichte, der Byzantinistik, der Klassischen Philologie, der Archäologie und der Theologie. Dennoch lassen sich Kontinuität und Wandel in der Zeit von ca. 150–550 n. Chr. auch in einer Unterrichtsreihe sinnvoll behandeln. Voraussetzung dafür ist freilich, wie so oft, die Erkenntnis, daß es nur um Hinweise auf grundsätzliche, an Hand einiger Beispiele zu verdeutlichende Aspekte gehen kann. Verzicht auf doch nicht zu erreichende „Vollständigkeit" und Bemühen um eine knappe, aber zugleich Wesentliches erfassende Auswahl waren daher bei der Ausarbeitung des vorliegenden Arbeitsheftes maßgebend. An eine vollständige Erarbeitung des im Schüler- und Lehrerheft gebotenen Materials ist nicht gedacht. Der Lehrer selbst muß entscheiden, wo er die inhaltlichen Schwerpunkte setzen will. Das vorliegende Arbeitsmaterial soll ermöglichen, daß die im curricularen Lehrplanentwurf (Staatsinstitut für Schulpädagogik München, Geschichte in der Kollegstufe, Handreichungen 3. Folge, Verlag Auer, Donauwörth 1975, S. 15 ff.) zu dem Schwerpunktthema „Kontinuität und Wandel in der römischen Kaiserzeit" genannten Lernziele weitgehend durch Quellenarbeit erreicht werden können. Anregungen zum Unterrichtsverfahren bietet das Lehrerheft. Dort werden auch Informationen zur Quellenlage, -auswahl und -interpretation gegeben. Die Betrachtung der politischen Geschichte (Innen- und Außenpolitik) in ihrer Verflechtung mit Wirtschafts- und Sozialgeschichte stand bei der Auswahl im Vordergrund (die Schwerpunkte liegen in den Abschnitten III, IV und VI). Die Betonung der Auseinandersetzungen zwischen den alten Religionen und dem Christentum bedarf kaum einer Rechtfertigung. Hinweise auf weitere Quellen sowie eine Auswahl alternativer und ergänzender Texte finden sich im Lehrerheft.

Vorangestellt sind den Texten kurze Angaben über Autor, Zeit, Fundort, usw. Eine wertende Stellungnahme wurde dabei im allgemeinen bewußt vermieden. Kontroverse Standpunkte wurden bei der Auswahl berücksichtigt. — Die Fragen und Aufgaben im Anschluß an die Texte stellen keineswegs eine systematische Auswertung der Quellen dar. Sie sind als Anregungen gedacht und sollen als Hinweise für eine Weiterarbeit dienen. Voraussetzung für die Arbeit mit den Quellen ist die Lektüre der entsprechenden Abschnitte der Einführung (S. 6 ff.). Diese Einordnung kann keineswegs ein Lehrbuch ersetzen; sie will einen historischen Überblick bieten und den geschichtlichen Zusammenhang sichern. (Für den Lehrer weist der kommentierende Literaturbericht im Lehrerheft auf die wesentlichen Probleme der einzelnen Abschnitte hin und umreißt zugleich den Stand der wissenschaftlichen Forschung).
Das knappe Begriffsglossar soll dem Schüler die Arbeit mit den Quellen erleichtern und den sachgerechten Umgang mit historischen Begriffen fördern. — Die Literaturhinweise, nach Sachgruppen geordnet, sollen den Schülern eine Weiterarbeit (z. B. bei Referaten) und Vertiefung ermöglichen. Bei der Auswahl wurde auf Zugänglichkeit (Taschenbücher) und Verständlichkeit für Schüler geachtet. Besonders wichtige Bücher, deren Anschaffung für eine Bücherei zu empfehlen ist, wurden eigens gekennzeichnet. Weiterführende Literaturangaben finden sich im Lehrerheft.

Einordnung:
Kontinuität und Wandel in der späteren römischen Kaiserzeit (ca. 150-550 n. Chr.)

1. Pax Romana —
Krisen des 3. Jahrhunderts n. Chr.

Nach einem seit dem 2. Jhdt. v. Chr. erkennbar werdenden, vor allem dann von augusteischen Dichtern und Historikern (Vergil, Horaz, Livius) verkündeten universalen Anspruch sollte sich die Herrschaft des römischen Volkes über den gesamten Bereich der bewohnten Welt (Oikumene) erstrecken, sollte der orbis Romanus identisch sein mit dem orbis terrarum (Erdkreis). Ohne diesen Anspruch aufzugeben, beschränkte man sich freilich im wesentlichen auf die zum Mittelmeer hin orientierten Gebiete. Atlantik, Rhein, Donau, Euphrat und afrikanische Wüste bildeten dabei „natürliche" Grenzen. Kaiser Trajan (98–117) stieß zwar über die Donau nach Norden (Eroberung Dakiens) und über den Euphrat nach Osten vor, doch zog sich bereits Hadrian (117–38) wieder auf die Euphratlinie zurück. Symbol für das Ende der Expansion ist der gegen Ende des 1. Jhdts. einsetzende Bau von Befestigungsanlagen (*Limes*) und Straßen entlang der Grenzen des Reiches. Eingeteilt war das nun gegen 3 000 000 km² große, 50–80 000 000 Einwohner zählende Imperium Romanum 150 n. Chr. in etwa 40 Provinzen (eine Sonderstellung nahmen Italien und Ägypten ein), wobei man zwischen den unmittelbar dem Kaiser unterstellten und vom Senat verwalteten Provinzen unterschied.

Um die schon am Ausgang der Republik zur Fiktion gewordene Vorstellung von der libera res publica aufrechtzuerhalten, ließ Augustus zwar die im Lauf der Zeit ihrer Funktion immer mehr beraubten Ämter und Institutionen bestehen, sicherte aber dem princeps (Kaiser) eine monarchische Stellung: Mit dem *imperium maius* stand ihm seither der Oberbefehl über die Truppen und die Aufsicht über alle Provinzen zu, die *tribunicia potestas*, verbunden mit der Unverletzlichkeit seiner Person (sacrosanctitas) sicherte den entscheidenden Einfluß auf die Zivilgewalt. Als pontifex maximus stand der Kaiser, dessen überragendes Ansehen (auctoritas) der Ehrenname Augustus symbolisierte, an der Spitze des Sakralwesens und vertrat damit den Staat gegenüber den Göttern. Schon Augustus wurden göttliche Ehren zu Lebzeiten angetragen. Mit Ausnahme von Kaisern wie Nero und Domitian beschränkte man sich im Wesentlichen darauf, verstorbenen Kaisern göttliche Ehren (Kaiserkult) zuteil werden zu lassen. Auch in der Zeit des Prinzipates gab es in Rom keine geschriebene Verfassung, doch sahen, meist als leibliche oder adoptierte Söhne zur Macht gelangten Herrscher darauf, daß ihre Herrschaft durch den übereinstimmenden Willen von Senat und Heer legitimiert wurde. So wenig der Senat um 150 n. Chr. als Gremium noch bedeutete, so nahmen Mitglieder des die oberste soziale Schicht bildenden Senatorenstandes führende Positionen in der Verwaltung und im Heer ein. Dabei entwickelten sich in Anlehnung an die republikanische Tradition auch von den Kaisern meist respektierte Laufbahnkriterien. Dies galt ebenso für die Angehörigen des als nächste soziale Schicht geltenden Ritterstandes. Anders als die Senatoren und die republikanischen Magistrate versahen die Ritter, welche seit Ende des 1. Jhdts. n. Chr. höhere Posten (*Procurator*) vor allem auch in den seit Augustus sich entwickelnden zentralen Ämtern und Kanzleien erhielten, ihre Ämter gegen Bezahlung. Fundament kaiserlicher Macht war die auf den Kaiser persönlich vereidigte Armee. Neben den etwa 30 aus römischen Bürgern rekrutierten Legionen (Sollstärke je ca. 6000 Mann) gehörten dazu die wesentlich in Kohorten (Infanterie) und Alen (Kavallerie) gegliederten sog. Hilfstruppen (auxilia). Hier dienten Provinziale, welche nach der Entlassung das Bürgerrecht erhielten und so entscheidend zur Entstehung einer römisch beeinflußten, aber doch zugleich eigenständigen Provinzialkultur beitrugen. Vor allem wurde die Armee auch durch Anlage von Zivilsiedlungen bei den Lagern wichtiger Träger der Romanisierung.

Unter Kaisern wie Hadrian, Antoninus Pius (138–161) und dem besonders von stoischer Philosophie geprägten Marc Aurel (161–180) gelangten weite Teile des Imperium Romanum zu hoher wirtschaftlicher und kultureller Blüte, wurde vor allem auch die freie Entfaltung städtischer Gemeinschaften weiter gefördert. Mochten auch weiterhin, etwa in der Politik, Unterschiede zwischen römisch-konkreter und griechisch-idealer Denkweise bestehen oder auch der langwierige Prozeß der Bürgerrechtsverleihung an alle freien Bewohner des Reiches immer noch nicht abgeschlossen sein (Q 2/3), so dürfte man doch weithin dem Redner Aelius Aristides zugestimmt haben, wenn er 143 n. Chr. (Q 1) die dank römischer Gesetze und Waffen seit Augustus bestehende Friedensordnung (Pax Romana) pries und er das Reich als Heimat aller Völker hinstellte. Um vor zu idealisierender Sicht zu warnen, sei z. B. daran erinnert, daß Fürsorge der Kaiser und Großzügigkeit wohlhabender städtischer Honoratioren die u. a. durch den sich ausweitenden Großgrundbesitz auf dem Lande ebenfalls eintretende Verschärfung sozialer Gegensätze nicht verhindern konnte, daß oft Freie materiell schlechter dastanden als Sklaven, deren Los differenzierter zu betrachten ist, als dies manchmal zu geschehen pflegt. Schwächen der Reichsverteidigung deckten unter Marc Aurel bis nach Oberitalien reichende Einfälle germanischer Stämme (besonders Markomannen) aus dem böhmisch-mährischen Raum auf. Seit Ausrufung des aus Afrika stammenden Septimius Severus (193–211) durch die Legionen in Carnuntum (bei Wien) zum Augustus, wurde die Abhängigkeit der Kaiser von den Soldaten noch deutlicher als zuvor („Soldatenkaiser"). Durch seine Ehe mit der Syrerin Julia Domna förderte Septimius orientalische

Einflüsse besonders auf kultischem Gebiet. Machtkämpfe im Innern (zwischen 235 und 270 kam es zu rund 40 Kaisererhebungen), Barbareneinfälle an Donau und Rhein, Kämpfe mit den Sassaniden (Dynastie des neupersischen Reiches seit 226) waren Hauptursachen einer anhaltenden Krise, die namentlich in wirtschaftlichem Niedergang sichtbar wurde und vielfach die Geldwirtschaft durch Naturalwirtschaft verdrängte. Germanische Scharen stießen bis Marokko, Oberitalien, Griechenland und zur Südküste Kleinasiens vor. Separatistische Regime behaupteten sich jahrelang in Gallien und Syrien (vgl. Q 4–6). Nach Verlust des *Dekumatlandes* und von Gebieten nördlich der oberen Donau mußte um 270 auch Dakien aufgegeben werden.

Eine allmähliche, vollends erst durch Diokletian (284–305) erreichte Stabilisierung an den Grenzen und im Innern verdankte man der Tatkraft von Kaisern wie Claudius Gothicus (268/70), Aurelianus (270/75) und Probus (276/82), die aus dem zum Kraftzentrum des Reiches gewordenen Balkanraum stammten. Sie konnten allerdings den wachsenden Aufgaben nur durch vermehrte Aufnahme von *Barbaren* (vor allem Germanen) in das Heer, so wie durch Trennung ziviler und militärischer Gewalt gerecht werden. Seit Decius (249/51) waren die Kaiser außerdem bemüht, gefährdetes Reichsbewußtsein durch religiöse Erneuerung und weitere Ausgestaltung des offiziellen Kaiserkultes (z. B. Adoration des Kaiserbildes bzw. des Kaisers) zu bekräftigen. Freilich war echter Glaube an die im staatlichen Kult verehrten Götter längst geschwunden, fanden die Gebildeten vornehmlich in der philosophisch ethischen Lehre der Stoa einen Ersatz, während Menschen aller Stände Zuflucht nahmen zu orientalischen Kulten z. B. der Isis, des Serapis, der Magna Mater oder des Mithras, aber auch zum Christentum. Eine sich anbahnende Vereinheitlichung religiöser Vorstellungen äußerte sich auch in der Förderung des *Neuplatonismus* durch Gallienus und in der Erhebung des Sonnengottes (Sol Invictus) zum Reichsgott. Vollender wurde auch hier Diokletian, der die von ihm geschaffene Tetrarchie (je ein Augustus und ein Caesar in Ost und West, mit erhöhter Autorität für den dienstälteren Augustus) als irdische Manifestation göttlichen Weltregimentes betrachtet wissen wollte (vgl. Q 9). Kaum Zufall war es, daß es gerade unter Decius 249/51 zur ersten systematischen Verfolgung der Christen in weiten Teilen des Reiches kam. Als derartige Aktionen zwischen 303 und 305 einen Höhepunkt erreichten, bewies das Christentum hinreichend Widerstandskraft und der Staat sah sich schließlich zur Duldung veranlaßt (Q 16).

2. Neuordnung des Reiches unter Diokletian und Konstantin

Immer mehr hatte sich erwiesen, daß die Reichskrise nicht mehr durch ein System von Aushilfen, sondern nur noch durch eine gründliche Reorganisation des gesamten Reichskörpers zu überwinden war. Dieser Aufgabe nahmen sich Diokletian und an ihn anknüpfend Konstantin d. Gr. (306–337) systematisch an. Das diokletianisch-konstantinische Reformwerk wurde für die Gestaltung des absolutistischen Staates (sog. *Dominat*) richtungweisend, obschon auch später noch neue Akzentuierungen hinzukamen. Es wirkte im Westen auch noch nach der Bildung der germanischen Reiche auf römischem Boden fort und die Verwaltungseinteilung wurde im Osten erst während des 7. Jhdts. durch Schaffung von Militärbezirken (sog. Themenverfassung) ersetzt. Die Reform brachte eine Straffung der Zentralgewalt und eine Vereinheitlichung der Verwaltung des gesamten Reichsgebietes (vgl. Q 9/10). In einem immer mehr durchorganisierten Verwaltungsapparat bildete sich eine strenge Rangordnung heraus. Das Feldheer (comitatenses) wurde von der Grenzarmee (limitanei) endgültig getrennt und wenigen Heermeistern (*magistri militum*) unterstellt. Die Unterschiede zwischen senatorischen und kaiserlichen Provinzen wurden aufgehoben, Italien und Rom in die allgemeine Neugliederung einbezogen. Es gab nunmehr ca. 100 Provinzen (an der Spitze Statthalter verschiedenen Ranges), aufgeteilt auf 12 *Diözesen* (an der Spitze jeweils ein Vicarius). Oberste Verwaltungsebene waren 3, später 4 (Oriens, Illyricum, Italia et Africa, Galliae) je einem Prätorianerpräfekten (*praefectus praetorio*) unterstellte Präfekturen. Rom und später die von Constantin um 330 gegründete neue Hauptstadt Konstantinopel (Q 32) unterstanden einem Stadtpräfekten (praefectus urbi). Die Zivilgewalt war nun prinzipiell von der Militärgewalt getrennt. Die Selbstverwaltung der Städte wurde durch die staatliche Aufsicht empfindlich eingeschränkt. Ungeachtet des Fortbestandes bzw. der Fortentwicklung sozialer Abstufungen von mächtigen senatorischen Grundherren über weniger begüterte Senatoren (den Ritterstand gab es nun nicht mehr) bis hin zu den ähnlich fast wie Sklaven dastehenden Kleinbauern und Kolonen (Q 14 f.) wurden alle nach einheitlichem System besteuerten Bürger noch mehr zu Untertanen des Kaisers. Weit in die private Sphäre hineinreichende staatliche Reglementierung, wie etwa die erbliche Zwangsbindung an den Berufsstand (*collegia*) oder an die für das Steueraufkommen der Städte haftbar gemachten Ratsherrnkollegien (Q 10) oder auch planwirtschaftliche Maßnahmen (Q 12–14) sah man offenbar als richtigen Weg zur Aufrechterhaltung des Zivilisationsstandes. Unbeschadet durchaus positiver Auswirkungen zeigt sich bei einer Wertung des Reformwerkes, wie rasch die Schwelle zum Zwangsstaat überschritten war und bei zu starker Einschränkung der Freiheit das System zu unbeweglich wurde und erstarrte. Eine der bis in unsere Zeit wirkenden Folgen der neuen Ordnung war die Kodifizierung des Rechtes (Q 47).

3. Römische Religionspolitik – Christianisierung des Imperiums

Von mindest ebenso großer Bedeutung wie die Verwaltungsneuordnung war die Hinwendung Konstantins zum Christentum nach seinem Sieg über Maxentius (ca. 280–312; Kaiser seit 306) vor den Toren Roms am 28.10.312 (Q 17). Dies war der Ausgangspunkt dafür, daß aus dem Imperium Romanum ein Imperium Romanum Christianum wurde. Obwohl man selbst bei der Umwandlung des Gottkaisertums (vgl. Q 9) in ein Kaisertum von Gottes Gnaden wesentliche Elemente bestehender Herrscherverehrung und des Zeremoniells einfach übernehmen konnte, wurde dies in manchen Bereichen ein sehr langwieriger Prozeß, schon allein deshalb, weil um 312 der überwiegende Teil der Reichsbevölkerung dem Christentum noch fern stand. Beginnend mit Konstantin suchten die Kaiser mit wechselnder Intensität in die Verhältnisse der rechtlich ja keine Einheit bildenden Kirche einzugreifen, freilich von vornherein nicht nur aus eigener Initiative, sondern weil sie von kirchlicher Seite dazu ersucht wurden. Von 312 an wurde daher der Staat in innerkirchliche Streitigkeiten, bei welchen oft regionale und völkische Gegensätze zum Ausdruck kamen, verwickelt. Genannt seien die bis in das 5. Jhdt. hinein andauernden Auseinandersetzungen mit den Donatisten in Afrika, die Diskussion um die Lehren des alexandrinischen Presbyters Arius (gest. 335/36), der insbesondere die Wesensgleichheit zwischen Gottvater und Gottsohn bestritt, oder der im Osten nach 451 sich zuspitzende Streit zwischen *Monophysiten* und Dyophysiten. Das zu einer Kardinalfrage der Innenpolitik werdende Problem der Einheit der Christen suchten die Kaiser unter anderem auf von ihnen einberufenen, teils auch gelenkten, Konzilien zu lösen. Dazu ist besonders auf die vier noch heute als ökumenisch (weltumspannend) anerkannten Konzilien von 325 (Nicaea – Q 20), 381 (Konstantinopel – Q 22, A 3), 431 (Ephesus) und 451 (Chalkedon – Q 33) zu verweisen. Wie weit kaiserliche Einmischung ging, zeigt das Edikt des Theodosius von 380 (Q 22). Gerade diesem Herrscher zeigte aber Ambrosius, Bischof von Mailand, die Grenzen auf, als er ihn 390 zu öffentlicher Buße zwang: der Kaiser ist zwar von Gott eingesetzt, hat jedoch die Bußgewalt der Kirche anzuerkennen (Q 19).

Das in sich vielfach zersplitterte, religiös teils wenig motivierte Heidentum erfuhr staatliche Förderung nochmals durch den vom Christentum abgefallenen Kaiser Julian „Apostata" (361–63; Q 21). Die Kraft der vom stadtrömischen Adel getragenen Reaktionsbewegung, in deren Rahmen auch die Auseinandersetzung zwischen Symmachus und Ambrosius zu sehen ist (Q 24/25), wurde gebrochen mit dem Sieg des Theodosius über den durch den Franken Arbogast zum Kaiser des Westens erhobenen Eugenius im Jahre 394. Ein Aufflackern gab es, als die Westgoten unter Alarich 410 Rom einnahmen, man die Schuld an dieser Katastrophe der offiziellen Hinwendung zum Christentum und der Abkehr von den angestammten Göttern gab. Augustinus schrieb, als Reaktion darauf, sein für die europäische Geistesgeschichte so bedeutsam gewordenes Werk vom Gottesstaat (Q 28). Die 410 spürbare Erschütterung ließ zugleich deutlich werden, wie lebendig die Romidee und der Glaube an die Roma Aeterna noch waren, die Brücke geschlagen war zu einer christlichen Romidee (vgl. Q 29/33), deren Träger das *Papst*tum wurde. Zunehmend Bedeutung bei den Auseinandersetzungen mit den Heiden und dem Staat erlangte auf kirchlicher Seite das *Mönchtum*. Seine asketischen Ideale übten gegen 400 eine starke Anziehungskraft auf alle sozialen Schichten aus (vgl. Q 15, 37). Richtungweisend für die Gestaltung mönchischen Lebens wurden Männer wie der bedeutende Kirchenlehrer Basilius (Bischof von Caesarea, Kappadokien; gest. 379) im Osten und Benedictus von Nursia (480–547) im Westen. Bereits die Regeln des Basilius verpflichteten außer zur Askese zu Beichte und Lehre (Anfänge klösterlichen Schulwesens).

4. Rom und die Germanen

Außenpolitisch waren im 4. Jhdt. langwierige Kriege mit den Sassaniden (vgl. S. 7) zu führen, welche auch im 5. und 6. Jhdt. immer wieder Bedrohung für den Osten brachten. Weit gefährlicher waren im 4. Jhdt. jedoch barbarische Völker an Rhein und Donau, wie die Franken, Alamannen und Goten. Angesichts schwindender Wehrbereitschaft und Unentbehrlichkeit der Bauern auf der Scholle sah es schon Konstantin zur Erhaltung der Verteidigungskraft als unerläßlich an, Germanen und andere *Barbaren* auch zum regulären Heeresdienst (also nicht nur in den Hilfstruppen!) zuzulassen (vgl. Q 34). Unter Theodosius war der Barbarisierungsprozeß so weit fortgeschritten, daß sogar die höheren Generale zu einem erheblichen Teil (ca. 50 %) nicht römischer Abkunft waren. Eine zusätzliche Möglichkeit zur Integration von Germanen im Reich (vgl. Q 35) und zur Stärkung der Wehrkraft sah Theodosius darin, daß er 382 Goten unter Belassung ihrer Autonomie auf römischem Boden ansiedelte und sie dafür zur Heeresfolge verpflichtete. Weitere Verträge (foedera) dieser Art wurden dann nach 395 geschlossen. Der Sicherung der Reichsverteidigung und der Reichseinheit sollte auch die Nachfolgeordnung des Theodosius dienen, durch welche sein älterer Sohn Arcadius (395–408) den Osten und der jüngere Sohn Honorius (395–423) den Westen erhielt. Durch anhaltende Streitereien zwischen den Beratern der zur Regierung selbst wenig befähigten Theodosiussöhne wurde freilich die schon das ganze 4. Jhdt. zu beobachtende Entfremdung zwischen Ost und West nun noch beschleunigt.

Mehr als zuvor lenkten im 5. Jhdt. nicht mehr die Kaiser, sondern andere machtvolle Persönlichkeiten die Regierung. So im Westen oberste Heerführer, teils germanischer Herkunft, wie Stilicho (395–408), Aetius (429–454; Q 41) und Rikimer (456–472) oder Galla Placidia (geb. 390, gest. 450), Tochter des Theodosius, Mutter Valentinians III. (424–455). Aus dem Osten seien stellvertretend der von 424 bis 471 als General nachweisbare Fl. Ardabur Aspar (ein Alane?), Chrysaphius (seit ca. 440) unter Theodosius II. (402–450), sowie die frommen Kaiserinnen (Augustae) Pulcheria (geb. 399, gest. 453) und Eudokia (geb. 405?, gest. 460) genannt. Blieben im Osten, vor allem dank der Abwanderung germanischer Scharen nach dem Westen und jahrzehntelanger Ruhe an der Ostfront, die Verhältnisse ungeachtet innerer Auseinandersetzungen (besonders kirchenpolitisch) relativ stabil, so zeigten der große Rheinübergang von 406/07 (vgl. Q 37) und der Goteneinfall in Italien (Einnahme Roms 410), daß die Germanen nicht mehr zu verdrängen waren. Es bildeten sich nun auf Reichsboden Staaten unter germanischer Führung (dazu Q 38 ff.), obschon man dies teils noch gegen 420 als kaum vorstellbar ansah (Q 38): so die Staaten der Westgoten in Gallien (Hauptstadt wird unter Theoderich I., 418–451, Toulouse) nach 507 (Niederlage gegen die Franken) dann bis zur Vernichtung durch die Araber (711/12) in Spanien, der Sueben in Spanien (ca. 430 – ca. 580), der Wandalen unter Geiserich (König 428–476) in Afrika (zerstört 534; Hauptstadt: Karthago), der Burgunder in Gallien (413 im Raum Worms?; nach 434–534 mit Schwerpunkt in der Bourgogne), der Franken am Niederrhein und in Gallien (erster Höhepunkt unter Chlodovech, König 482–511) und der Ostgoten unter Theoderich d. Gr. (König 474–526) in Italien (Hauptstadt: Ravenna). Die Germanen bildeten allerdings nur eine dünne Oberschicht. Während sie selbst die Heere stellten, überließen sie den Romanen die fast unverändert fortbestehenden, nur selten ergänzten Verwaltungseinrichtungen. Im religiösen Bereich kam es zwar gelegentlich zur Verfolgung der Katholiken durch heidnische oder arianische Germanen, doch im allgemeinen blieb selbst die kirchliche Organisation unangetastet. Wie wenig Neues die Germanen kulturell mitbrachten, zeigt sich etwa in den nur geringen Resten germanischer Kunst (Ausnahme: Schmuck- und ähnliche Kleinkunst) und Literatur (eine Ausnahme fast ist die Übersetzung der Bibel ins Gotische durch Ulfila – vgl. Q 35). Selbst in nur für Germanen gültigen Gesetzessammlungen, wie dem westgotischen Codex Euricis um 480 oder dem fränkischen pactus legis Salicae (um 510) sind Elemente römischen Rechts übernommen.

5. Probleme der Kontinuität

Als der Skire Odoaker im Jahre 476 den letzten Schattenkaiser des Westens, Romulus Augustulus, absetzte, war dies ein Akt fast nur noch formaler Bedeutung (Q 44). Im Osten hielt man die Fiktion der Reichseinheit zwar weiterhin aufrecht, doch nur unter dem als bedeutendsten Herrscher des 5. und 6. Jhdts. anzusehenden Justinian (527–565) kam es mit Vernichtung des wandalischen und des ostgotischen Reiches zu einem umfassenden Versuch der Rückgewinnung westlicher Gebiete (vgl. Q 44). Nur wenig später gingen diese Gewinne wieder verloren, mußte der Osten selbst schwerwiegende territoriale Einbußen hinnehmen, sei es durch die Slawen auf dem Balkan (schon unter Justinian), sei es durch die Araber in Vorderasien (seit 634) und Afrika. Im Rahmen der schon unter den Humanisten geführten, von Edward Gibbon (History of the decline and fall of the Roman Empire, 1776) neu belebten und seither intensiv geführten Diskussion um den „Untergang" des römischen Reiches hat man viele teils schon auf das 2. oder 3. Jhdt. zurückgeführte Ursachen oder Anlässe dafür vorgebracht, wie z. B. allmähliche Ausrottung der Besten, Mangel an Menschen, Stillstand der technischen Entwicklung, fehlende Wehrbereitschaft oder Staatsgesinnung allgemein, Überflutung des Reiches durch Barbaren, Weltflucht der Christen. Im Zusammenhang mit dieser Diskussion hat man auch versucht „Antike" und „Mittelalter" (bzw. Spätantike u. Frühmittelalter) von einander abzugrenzen, wobei man etwa die Hinwendung Konstantins zum Christentum 312 (Q 17), die Auslösung der sog. *Völkerwanderung* durch den Vorstoß der Hunnen aus den Steppen Südrußlands nach Westen ca. 375 (Q 36) oder die Absetzung des Romulus Augustulus durch Odoaker 476 (Q 44) als Epochenjahre nannte. So verfehlt oder fragwürdig sich viele Thesen, ja sogar selbst Begriffe wie „Untergang" und „Niedergang" erwiesen, so hat die grundsätzliche Diskussion zu mannigfachen Detailuntersuchungen angeregt und so auf verschiedenen Gebieten zu einer differenzierteren Betrachtungsweise geführt. Gewiß sind selbst bei der sehr regen literarischen Produktion des 3. bis 6. Jhdts. Züge der Dekadenz wahrzunehmen, aber die griechischen und lateinischen Kirchenväter, wie Clemens von Alexandria (gest. 215), Origenes (185–254), Basilius (gest. 379) oder Johannes Chrysostomus (ca. 350–407) bzw. Tertullian (ca. 160–220), Augustin (Q 28), Ambrosius (Q 25) und Hieronymus (Q 37) oder profane Autoren wie die Redner Themistius (317–388), Libanius (314–393), Symmachus (Q 24) und Boethius (ca. 480–524), die Historiker Ammianus Marcellinus (Q 21) und Procopius (Q 43 f.) sowie Dichter wie Ausonius (ca. 310–395), Claudianus (Q 21), Prudentius (348 – ca. 405) und Sidonius Apollinaris (ca. 430–485) sind nicht nur Zeugen eines lebendigen Geisteslebens, sondern haben auch Originelles u. künstlerisch Wertvolles hervorgebracht. Ähnliches läßt sich von den verschiedenen Bereichen der Kunst dieser Zeit sagen, wovon hervorragende Denkmäler heute noch in Städten wie Trier (Q 39), Arles, Mailand, Ravenna, Rom, Split, Thessaloniki oder Istanbul zu sehen sind. Unverkennbar ist schließlich, daß es selbst auch in den Bereichen von Politik, Verwaltung und Wirtschaft nicht angeht, nur von Niedergang zu sprechen. Fast automatisch kam man in der seit Gibbon geführten Diskussion auch auf die in dieser Einordnung bereits mehrfach angesprochenen Fragen nach Kontinuität und Wandel. Grundsätzlich ist vor allem in Einzelheiten, wie bei Verfassungs- und Verwaltungsinstitutionen, Gültigkeit von Gesetzen, Formen von Literatur u. Kunst oder bei der Besiedlung (einschließlich der archäologisch besser faßbaren Belegung von Friedhöfen) Kontinuität auch dann nicht ausgeschlossen, wenn man für einen größeren Raum insgesamt vom Gegenteil, von Diskontinuität sprechen muß. Schließlich sei betont, daß es auch beim Blick auf den zwischen dem 2. und 6. Jhdt. verlaufenden Prozeß ebenso verkehrt wäre, jede grundsätzliche, einen Umbruch bedeutende Neuerung negativ, als jegliche Neuerung an sich, bereits positiv zu beurteilen. Stellt man die Frage, in welchem Maß Mitte des 6. Jhdts. von einem Wandel gegenüber dem 2. Jhdt. zu sprechen ist, wird man zweckmäßig zunächst einmal in den nach 395 fixierten Grenzen unterscheiden zwischen Osten und Westen. Ganz grob gesehen hatte sich im Osten das Imperium Romanum in ein maßgeblich griechisch geprägtes und straff durchorganisiertes Imperium Romanum Christianum verwandelt, regiert von einem Kaiser mit dem Anspruch Stellvertreter Christi auf Erden und Weltherrscher zu sein. Im Westen hingegen sind innerhalb des ehemaligen Reichsgebietes verschiedene Zonen feststellbar. Stark romanisierte Gebiete, auf welchen sich im 5. Jhdt. neue germanische Staaten gebildet haben (vgl. S. 8), wie in Gallien, Spanien und Italien, weisen wesentlich mehr, meist freilich nur mit Hilfe archäologischer Forschung erkennbar werdende Zeugen von Kontinuität auf, als etwa Britannien oder Rätien (vgl. Q 46), aber selbst innerhalb solcher Zonen gilt es wieder zu differenzieren. Wie immer man aber auch Einzelheiten von Kontinuität und Wandel beurteilt, so war um 550 im ehemaligen Westen des Imperiums aufs Große gesehen ein tiefgreifender Wandel eingetreten: die neuen Herren dieser Gebiete hatten kaum mehr Kontakt mit den alten Bildungsgütern, auch die kirchlichen Kreise hatten sich in den Bildungsinteressen mehr eingeschränkt auf Kenntnis etwa der heiligen Schrift und der Erbauungsliteratur. Immer vereinzelter wurden auch unter den Laien der romanischen Oberschicht die wirklich Gebildeten. Gefühle der Zugehörigkeit zu einem großen Imperium waren, ungeachtet mancher Kontakte zu den *Byzantinern*, selbst bei den Romanen kaum mehr vorhanden.

Zeittafel

44 v. Chr.	Ermordung Caesars (geb. 100 v. Chr.)
27 v. Chr.	Caesars Adoptivsohn C. Iulius Caesar (63–14 n. Chr.) wird Augustus
98–117 n. Chr.	Kaiser Trajan; Imperium Romanum erreicht größte Ausdehnung
117–138	Kaiser Hadrian
138–161	Kaiser Antoninus Pius (vgl. Q 1)
um 150	Höchste Wirksamkeit römischer Friedensordnung (Q 1)
161–180	Kaiser Marc Aurel (u. a. Markomanneneinfälle – vgl. S. 6)
193	Donauarmee in Carnuntum erhebt Septimius Severus (193–211) zum Kaiser
212	Erlaß der Constitutio Antoniniana (Q 2) durch Caracalla (211–217)
226 (224?)	Sturz der parthischen durch die sassanidische Dynastie in Persien (vgl. S. 7)
235–270	ca. 40 Kaiser; Bedrohung durch Germanen und Perser; innere Wirren; wirtschaftlicher Niedergang; separatistische Bewegungen (vgl. Q 4 und Q 5)
249–251	Kaiser Decius; erste allgemeine (überörtliche) Verfolgung der Christen
270–275	Kaiser Aurelian; u. a. Stabilisierung der Lage des Reiches; Bau der Stadtmauer von Rom
284–305	Kaiser Diokletian; systematische, von Konstantin d. Gr. (306–337) und dessen Nachfolgern fortgesetzte Reform des Reiches (Q 9 f.)
312	Konstantins Hinwendung zum Christentum
325	Konzil von Nicaea (1. ökumenisches Konzil; Q 20)
330	Gründung Konstantinopels (Q 32)
337–361	Kaiser Constantius II.
341–383	Ulfila, Bischof der Goten; Übersetzung der Bibel ins Gotische (Q 35)
361–363	Kaiser Julian; heidnische „Reaktion" (Q 21)
364–375	Kaiser Valentinian I. und Valens (–378)
um 370	Zerstörung des Ostgotenreiches in Südrußland durch die Hunnen (Q 36)
378	Sieg der Westgoten und ihrer Bündner über Kaiser Valens bei Adrianopel
380	Glaubensedikt des Kaisers Theodosius d. Gr. (379–395; Q 22)
381	2. ökumenisches Konzil (Konstantinopel; vgl. Q 22,A.3)
um 400	Wachsende Entfremdung zwischen Osten und Westen des Imperiums (S. 7 f.; vgl. auch S. 9)
406	Rheinübergang der Germanen am Mittelrhein und Invasion Galliens (Q 37)
410	Einnahme Roms durch die Westgoten unter Alarich (Q 28)
um 420	Begründung des Westgotenreiches mit der Hauptstadt Toulouse
429	Invasion der Vandalen unter Geiserich (428–476) in Nordafrika
431	3. ökumenisches Konzil (Ephesus)
451	4. ökumenisches Konzil (Chalkedon; Q 33)
451	Kampf des magister militum Aetius und der Westgoten gegen die Hunnen unter Attila (König 434–453) auf den Katalaunischen Feldern (bei Troyes)
476	Absetzung des letzten weströmischen Kaisers (Romulus Augustulus) durch Odoaker (Q 44,A.1)
493	Theoderich d. Gr. (König 474–526) gründet Reich der Ostgoten in Italien (Q 44/45)
497 (498?)	Taufe Chlodevechs (Chlodwigs), König der Franken (482–511; Q 42)
527–565	Kaiser Justinian; Kodifizierung des römischen Rechtes (Q 47/48)
632	Beginn der Eroberungsbewegung der durch Mohammed (geb. 570 in Mekka, gest. 632 in Medina; Stifter des Islam) geeinten Araber

Quellenteil

I Pax Romana
Einblick in die Struktur eines Weltreiches

Q 1 *Das Imperium Romanum um 150 n. Chr.*

Einen hervorragenden Einblick in die Situation des Reiches (z. B. Wesen des Kaisertums und der Reichsverwaltung, Einheit der Reichsbewohner in Frieden, Bedeutung der Städte) bietet ungeachtet einer Tendenz zur Idealisierung Roms und einer einseitig griechischen Sicht der Dinge diese 143 in Rom gehaltene Lobrede (Panegyricus) des aus Mysien (Kleinasien) stammenden griechischen Redners Aelius Aristides. Erhalten sind insgesamt 55 Reden – hrsg. v. W. Dindorf 1829; in der Rede auf Rom (auszugsweise gedruckt nach Arend, Geschichte in Quellen I, Nr. 653) lesen wir:

... Aber ist es möglich, wenn man auf die Stadt blickt und die Grenzen der Stadt, sich nicht zu verwundern, daß von einer solchen Stadt die ganze bewohnte Welt [Oikumene] beherrscht wird? Denn was einer der alten Geschichtsschreiber über Asien schrieb: all das Land, soweit die Sonne ziehe, werde von einem Manne beherrscht ... das ist nun in vollster Wahrheit übertroffen ... Und herangeführt wird aus allen Ländern und Meeren, was die Jahreszeiten sprießen lassen und was jedes Land hervorbringt, die Flüsse und Seen und die Künste der Hellenen und Barbaren ... So zahllos sind die Lastschiffe, die hier eintreffen und jegliche Ware von jeglichem Lande zu jeder Jahreszeit bringen ... Frachten von den Indern, ja, von den Bewohnern von Arabia Felix kann man in solchen Mengen schauen, daß man vermuten könnte, kahl für alle Zeiten seien die Bäume den Einwohnern zurückgeblieben, und jene müßten nach hier kommen, wenn sie etwas bedürften, um Anteil an ihren eigenen Waren zu erbitten. Ägypten, Sizilien und Libyen, soweit es unterworfen ist, sind eure Landgüter ...

Im Rahmen eines Vergleiches mit den Reichen der Perser und Alexanders d. Gr. stellt Aristides dann fest:

Satrapen kämpfen nicht gegeneinander, als ob kein Großkönig über ihnen stünde, Städte verunreinigen sich nicht und sondern sich ab, die einen zu diesen, die andern zu jenen, Besatzungen werden nicht in die einen geschickt und aus den andern vertrieben, nein ... die gesamte bewohnte Erde, klarer als ein Chor, erklingt in einem Tone, gemeinsamen Gebete, bestehen bleiben möchte für alle Zeiten diese Herrschaft: zu so schöner Harmonie wird sie von diesem obersten Lenker geführt ... Alles wird auf Befehl oder auf bloßen Wink ausgeführt, ... muß etwas getan werden, so genügt ein Beschluß, und schon ist es getan. Die Statthalter, die zu den Städten und Völkern ausgesandt werden, haben ein jeder Gewalt über das, was ihnen untersteht; was sie aber selbst angeht und ihre Beziehungen zueinander, so unterstehen sie alle in gleicher Weise der Gewalt des obersten Herrschers; so unterscheiden sie sich denn, könnte man sagen, nur darin von den Beherrschten, daß sie in erster Linie zu zeigen haben, wie man sich beherrschen lassen soll ... Und so glauben sie, jener [oberste Herrscher] wisse mehr Bescheid über ihr Tun als sie selbst, fürchten und scheuen ihn mehr als sonst ein Sklave seinen Herrn, der in eigener Person neben ihm steht ... Hat einer auch nur einen geringen Zweifel über Rechtsentscheidungen und gemeinsame oder persönliche Gesuche der Untertanen, so wenden sie sich, ungeachtet all ihres Ansehens, sogleich unmittelbar an jenen und fragen an, was zu tun sei, und warten, bis jener einen Bescheid erteilt ... Groß wie ihr seid, machtet ihr die Ausmaße eurer Stadt groß, ihr wolltet nicht großtun und sie nicht dadurch bemerkenswert machen, daß ihr keinem der anderen Anteil gabt an ihr, nein, in würdiger Weise suchtet ihr sie mit Bürgern aufzufüllen. Und Römer zu sein, wurde durch euch nicht zur Bezeichnung der Zugehörigkeit zu einer Stadt, sondern zur Bezeichnung eines gemeinsamen Stammes, und zwar nicht eines unter vielen, sondern eines, der allen anderen das Gleichgewicht hält. Nicht in Hellenen und Barbaren scheidet ihr nun die Stämme ..., sondern in Römer und Nichtrömer; so weit dehntet ihr den Namen eurer Stadt aus ... So kommt kein Haß auf gegen eure Herrschaft ... Ihr machtet alles allen gemeinsam und gabt den Leuten, die dazu fähig waren, die Möglichkeit, ebenso beherrscht zu werden wie an ihrem Teile zu herrschen ... So sind Arme wie Reiche mit Recht zufrieden mit den jetzt bestehenden Verhältnissen und haben ihren Nutzen davon; eine andere Möglichkeit zu leben gibt es nicht ... und was früher unmöglich schien, wurde unter euch zur Wirklichkeit, Stärke der Herrschaft verbunden mit Menschlichkeit ... So sind denn die Städte frei von Besatzungen, kleine Reiter- und Infanterieabteilungen genügen als Aufsicht für ganze Völker, ... viele Völker wissen überhaupt nicht, wo ihre Besatzungen stehen ... An Kriege, ja daß es sie je gegeben hat, glaubt man nicht mehr, wie man sonst von Mythenerzählungen hört, hört die Menge von ihnen. Und wenn auch einmal Kämpfe an den Grenzen des Reiches stattfinden ... dann gehen sie wie Mythen schnell vorüber und mit ihnen das Gerede über sie ... Reich besetzt sind die Küsten am Meere und das Binnenland mit Städten, teils neu gegründeten, teils solchen, die unter eurer Herrschaft und von euch gefördert worden sind ... Wie an einem Festtage hat der ganze Erdkreis sein altes Gewand, das Eisen, abgelegt, sich festlichem Schmucke und allem, was das Leben froh macht, nach Lust und Belieben zugewandt. Jeder andere Wettstreit ist den Städten fremd geworden: nur darum eifert mit Macht jede einzelne, als die schönste und anmutigste dazustehen. Überall Gymnasien, Springbrunnen, Vorhallen, Tempel, Werkstätten, Schulen ... Unaufhörlich fließen Geschenke von euch zu ihnen, man könnte nicht feststellen, wer mehr bekommen hat, so gleichmäßig wird allen eure menschenfreundliche Hilfe zuteil.

Städte stehen strahlend in Glanz und Anmut, die ganze Erde ist wie ein Paradiesgarten geschmückt, Brandrauch aus den Ebenen und Signale von Freund und Feind sind verschwunden, als hätte sie ein Wind davongetragen, jenseits von Meer und Land. An ihre Stelle traten anmutige Schauspiele aller Art und festliche Wettspiele ohne Zahl. So hören, wie ein heiliges, unauslöschliches Feuer, die festlichen Zusammenkünfte nicht auf, sie gehen von Stadt zu Stadt ... Man kann nur die bemitleiden, die außerhalb eures Reiches stehen — wenn es überhaupt noch solche gibt —, daß sie von solchen Segnungen ausgeschlossen sind. Ja, das viel gesprochene Wort, daß die Erde die Mutter von allen und gemeinsames Vaterland ist, ihr habt es aufs schönste zur Wahrheit werden lassen. Denn heute können Hellenen wie Barbaren, mit und ohne ihre Habe, ziehen, wohin es jeden verlangt, ohne alle Schwierigkeit, gerade als zögen sie von einer Heimatstadt zur andern. Weder die Pässe Kilikiens schrecken, noch die schmalen, sandigen Wüstenpfade von Arabien nach Ägypten, nicht unzulängliche Gebirge, nicht unüberschreitbar breite Flüsse, nicht ungesellige Barbarenstämme, nein, es bedeutet Sicherheit genug, ein Römer zu sein oder, besser gesagt: einer von denen, die unter eurer Herrschaft stehen."

Arbeitsauftrag:

1. Welche Handelswege führten aus den genannten Ländern nach Rom? Welche Güter wurden von dort nach Rom importiert?
2. Versuchen Sie, eine Karte zu Wirtschaft und Straßennetz des römischen Reiches mit den Aussagen des Textes in Verbindung zu setzen.
3. Informieren Sie sich kurz über Herkunft, Laufbahn, Titel und Befugnisse der römischen Provinzstatthalter.
4. Worauf spielt der Rhetor mit der Unterscheidung von Hellenen und Barbaren an? Welche Bedeutung kam dem römischen Bürgerrecht zu?
5. In welchen Gebieten des römischen Reiches waren die städtischen Siedlungen besonders dicht? Wo wurden von den Römern neue Städte angelegt?
6. Inwieweit kann man zu Recht von einer Urbanisierung des römischen Reiches sprechen?
7. Stellen Sie einige wesentliche Merkmale römischer Stadtkultur zusammen. Wo haben die Römer dabei Vorbilder gehabt, wo wirken die römischen Städte weiter?
8. Was begünstigte die Mobilität im römischen Reich?

Q 2 *Constitutio Antoniniana von 212*

Von dem Gesetz, mit welchem Kaiser M. Aurelius Severus Antoninus Caracalla (211–17) allen freien Bewohnern des Reiches das römische Bürgerrecht verlieh und mithin einen, von den Römern seit je nur langsam vorangetriebenen Prozeß abschloß, glaubte man bisher neben literarischen Bezeugungen (vgl. z. B. Q 3) Reste der griechischen Übersetzung des lateinischen Originals auf dem Papyrus Nr. 40, Univ. Bibl. Gießen[1], zu besitzen. Zeile 4 ff. der fragmentarischen Urkunde sind in etwa zu übersetzen:

„... Demnach glaube ich, die Majestät der Götter in anständiger und frommer Gesinnung dadurch zufrieden stellen zu können, daß ich die Peregrinen [= Nichtbürger], sooft sie sich an den Dankopfern meiner Landsleute für meine Errettung [bisher nur als Zuschauer] beteiligen, nunmehr auch zu den offiziellen Kulthandlungen [der römischen Bürger] zulasse. Deshalb verleihe ich allen Peregrinen, die im Imperium Romanum wohnen, das römische Bürgerrecht, das bleiben soll, ausgenommen für die dediticii[2]."

Anmerkungen:

[1] Die Masse der auf *Papyri* (gewonnen aus der Papyrusstaude) erhaltenen Urkunden (darunter zahlreiche Privaturkunden) und literarischen Texte stammt aus Ägypten. Da im späten 19. und frühen 20. Jhdt. große Mengen verkauft wurden, befinden sich heute Papyrussammlungen an vielen Orten der Welt. Ediert werden die Papyri meistens nach den Aufbewahrungsorten. (Übersicht im LAW 3389 ff).

[2] Der juristisch nicht voll erfaßbare Begriff bedeutet ursprünglich „die Unterworfenen"; nach Kießling (Savigny Zeitschr. f. Rechtsgeschichte, Rom, Abt. 78, 1961, 428) sind in der Constitutio damit jene gemeint, die sich künftig gegen das Reich bzw. den Kaiser mit Waffengewalt erheben (zur Problematik der Deutung Millar 93).

Arbeitsauftrag:

1. Der volle Name des Kaisers Caracalla lautet: Marcus Aurelius Severus Antoninus Caracalla. Erklären Sie die einzelnen Bestandteile. Suchen Sie (z. B. auf Münzabbildungen) andere Kaisernamen und -titulaturen.
2. Welche Wahrscheinlichkeit kommt der Erklärung des Cassius Dio (= Q 3) für die Verleihung des Bürgerrechts durch Caracalla zu?

II Die Krisen des 3. Jahrhunderts

Einsicht in den symptomatischen Charakter der Krisen des 3. Jahrhunderts

Q 3 *Lasten römischer Bürger unter Kaiser Caracalla (211–217 n. Chr.)*

Über Belastungen, speziell des Senatorenstandes, klagt der ihm selbst angehörende *Cassius Dio* (ca. 150 – 235, aus Nicaea, Bithynien; Consul 229) in B. 77 seiner von den Anfängen Roms bis 229 reichenden Römischen Geschichte (griech.-englisch hrsg. v. Cary, London 1924/26; vollständig erhalten nur die von 69 v. Chr. bis 46 n. Chr. führenden B. 36–60; Übers. Arend, Nr. 673):

Er war ein Freund der Verschwendung seinen Soldaten gegenüber ... alle übrigen Menschen war er gewohnt, ringsum auszuziehen, zu berauben und aufzureiben, nicht zum wenigsten die Senatoren. Denn abgesehen von den goldenen Kränzen, die er als steter Sieger über irgendwelche Feinde öfters forderte (ich meine damit nicht die Anfertigung der Kränze – denn wieviel kostet das schon? – sondern die großen Geldsummen, die unter diesem Namen gegeben werden mußten, mit denen die Städte die Selbstherrscher zu bekränzen pflegten), abgesehen von den Proviantlieferungen (annona), die von uns in großen Mengen und bei allen Gelegenheiten, teils umsonst, teils auch noch unter eigenem Aufwand eingetrieben wurden, die er alle seinen Soldaten zukommen ließ oder auch verhökerte, von den Geschenken, die er von reichen Privatleuten wie auch von den Gemeinden zusätzlich forderte, von den sonstigen Steuern, die er neu einführte, und von dem Zehnten, den er anstelle des Zwanzigsten für Freilassungen, für Erbschaften und alle Schenkungen erhob ... abgesehen von dem Bürgerrecht, das er allen Untertanen des Römischen Reiches angeblich als eine Auszeichnung, tatsächlich aber in der Absicht verlieh, dadurch seine Einkünfte zu vermehren, da nämlich die Nichtbürger (peregrini) die meisten dieser Abgaben nicht zu entrichten brauchten, außer allem dem mußten wir ihm, sooft er von Rom verreiste, mitten auf den Wegstrecken, auch wenn sie noch so kurz waren, Gebäude aller Art und kostspielige Absteigquartiere auf unsere eigenen Kosten errichten lassen, in denen er niemals wohnte, nein, von denen er vermutlich nie ein einziges zu Gesicht bekam.

Q 4 *Barbareneinfälle unter Gallienus (253–268)*

Sextus Aurelius Victor, Heide aus Afrika, Stadtpräfekt von Rom zwischen 379 und 395, berichtet in seinen im Jahr 360 erschienenen Kurzbiographien römischer Kaiser von Augustus bis Constantius II. (Caesares, hrsg. von F. Pichlmayr 1911, mit der bis 395 reichenden, um 400, nicht von Victor geschriebenen Epitome de Caesaribus; Nachdruck m. Ergänz. von Gründel 1961; 33,3 ff. – Übers. Arend 677):

Die Goten drangen, ohne Widerstand zu finden, nach Thrakien vor und besetzten Makedonien, Achaia und die benachbarten Gebiete Asiens, die Parther Mesopotamien, der Orient war in der Hand von Räubern oder unter der Herrschaft einer Frau[1]. Die Macht der Alemannen besetzte damals in ähnlicher Weise Italien, Frankenstämme plünderten Gallien und setzten sich in Spanien fest, wo sie die Stadt Tarraco [Tarragona] verwüsteten und fast völlig ausplünderten; ja, ein Teil von ihnen drang auf Schiffen, die ihnen in die Hände gefallen waren, bis nach Afrika vor; verloren ging alles, was Traianus jenseits der Donau erobert hatte. So wurde wie von Stürmen, die von allen Seiten wüteten, auf dem ganzen Erdkreis alles, Kleines und Großes, Unterstes und Oberstes, durcheinandergeworfen. Zugleich drang die Pest in Rom ein ... Die Senatoren hatte, abgesehen von dem gemeinsamen Unglück des ganzen Erdkreises, besonders eine Kränkung ihres eigenen Standes erregt: weil er [Gallienus] im Gefühl der eigenen Schlaffheit fürchtete, die Herrschaft könne an die tüchtigsten Männer des Senates übertragen werden, hatte er als erster die Senatoren vom Heeresdienst ausgeschlossen, ja, er hatte ihnen verboten, überhaupt das Heer aufzusuchen.

Anmerkung:

[1] Zenobia, Witwe des von Gallienus als eine Art Vizekönig eingesetzten Odaenathus beherrschte 267/71 von Palmyra aus Syrien, Arabien, Ägypten, Teile Mesopotamiens und Kleinasiens.

Arbeitsauftrag:

1. Wo liegen die Schwerpunkte der Barbareneinfälle im 3. Jahrhundert? Welche Gründe können dafür maßgebend gewesen sein? An welchen Stellen wurde dabei der Limes durchbrochen?
2. Welche Rolle hatten die Senatoren bisher im Heer gespielt? War die Furcht des Gallienus begründet?

Q 5 *Kaiser Aurelianus (270–275 n. Chr.)*

Aurelius Victor (s. Q 4; Caesares 35,1 ff.; Übers. Arend 679, Abs. 3):

Nach der Vernichtung der Perser begab er sich zurück nach Italien, dessen Städte unter den Heimsuchungen der Alamannen litten. Nach Vertreibung der Germanen aus Gallien vernichtete er die Legionen des Tetricus[1] ... Nach diesen zahlreichen und bedeutenden Erfolgen ließ der Kaiser in Rom einen prächtigen Sonnentempel errichten, den er mit reichen Weihgeschenken ausstattete. Um eine Wiederkehr der Vorfälle unter Gallienus für immer zu verhindern, umgab er die Stadt in größerem Umkreis mit möglichst starken Mauern[2] ... Zugleich verfolgte er unerbittlich die, die ... Staatsgelder veruntreut oder die Provinzen ausgeraubt hatten, ganz entgegen den Gewohnheiten des Militärs, aus dessen Mitte der Kaiser hervorgegangen war.

Anmerkungen:

1) Esuvius Tetricus nahm 270 in Bordeaux die Augustuswürde an (seit 259 hatte sich in Gallien ein Teilreich gebildet).
2) Der später ergänzte Mauerring ist noch heute weitgehend erhalten (18,8 km lang, bis 10 m hoch, 38 Türme, 18 Tore; er umschließt 1372,5 qkm).

Arbeitsauftrag:

1. Seit wann waren feindliche Heere nicht mehr vor Rom bzw. in Italien erschienen?
2. Verfolgen Sie den Verlauf der Aurelianischen Mauer. Ziehen Sie zum Vergleich die republikanische Stadtmauer heran.

Q 6 *Geldentwertung um 260*

Aus einem in Oxyrrhynchos, 200 km südlich von Kairo entdeckten Papyrus (Pap. Oxy. 1411; seit 1898 wurden 3150 Papyri aus Oxyrrhynchos in bisher 43 Bänden publiziert; Übers. Arend 691:

Aurelios Ptolemaios, auch Nemesianos genannt, Stratege des Oxyrrhynchos-Gaues.
Nachdem die Beamten zusammengetreten sind und Beschwerde geführt haben, daß die Geldwechsler der Wechslertische diese geschlossen haben und die geheiligte Münze der Augusti[1] nicht mehr annehmen wollen, hat sich die Notwendigkeit ergeben, allen, die Wechslertische besitzen, durch einen Erlaß zu gebieten, diese wieder aufzumachen und alle Münzen anzunehmen und in kleinere Geldsorten umzutauschen, mit Ausnahme von offensichtlichen Fehlprägungen und Fälschungen; das soll gelten nicht allein für diese, sondern für alle, die irgendwie Warenumsatz betreiben; und sie sollen sich darüber klar sein, daß sie im Falle des Ungehorsams gegen diesen Erlaß die Strafen erleiden werden, die die Hoheit des Präfekten[2] schon früher für sie angeordnet hat ...

Anmerkungen:

1) Neben kaiserlichen Münzen gab es um 260 nur noch beschränkt Münzen einzelner Städte (nur Bronze).
2) Ägypten war seit Augustus persönlicher Besitz des Kaisers und einem aus dem Ritterstand stammenden Präfekten unterstellt.

Q 7 *Der Währungsverfall vom 2. zum 3. Jahrhundert*

Th. Pekáry gibt in seinen „Studien zur römischen Währungs- und Finanzgeschichte von 161 bis 235 n. Chr." (Historia 8, 1959, S. 443 ff.) am Schluß (S. 488 f.) folgende Zusammenfassung:

Die Kriege in der Zeit des Philosophenkaisers und die Verwüstungen, die sie mit sich gebracht haben, nagten an den Wurzeln der römischen Wirtschaftsordnung, ohne daß die Schäden äußerlich sichtbar geworden wären. Wir hoffen bewiesen zu haben, daß weder unter Marcus noch unter Commodus das Geld an Wert auffallend verloren hat und von den fremden Völkern nicht mehr angenommen worden ist. Die Finanzen Mark Aurels scheinen noch in guter Ordnung gewesen zu sein. Weniger kann dies von Commodus behauptet werden. Seine riesigen Ausgaben, besonders – so scheint es – die an die Barbaren bezahlten jährlichen Tribute, haben das Finanzwesen stark belastet. Als Gegengewicht war die gar nicht oder nur wenig vermehrte Zahl der ausgeprägten Münzen da; viele wanderten über die Grenzen ab, und so wurde eine Inflation verhindert. Auch der Glaube der Bevölkerung an das Geld, das seit Nero oder spätestens seit Traian stabil gewesen war, half die Ordnung aufrechtzuerhalten. Die Vorgänge in einigen östlichen Prägestätten müssen m. E. eher mit lokalen Bestrebungen in Zusammenhang gebracht werden. Als aber im Jahre 193 und danach eine riesige Menge von Silbergeld das ganze Reich überflutete, die Denare[1] selbst an Edelmetallgehalt auffallend verloren und innerhalb der Grenzen bleiben mußten, wurde der alte Glaube an den Wert der Währung von Grund auf erschüttert. Vieles deutet darauf hin, daß man nun das Geld im alten Werte nicht weiter annehmen wollte, sondern damit zu manipulieren begann. Die staatliche Fiktion des unveränderten Geldwertes hat ihren Zweck verfehlt, die Preise begannen zu steigen, und der harte Severus mußte zu strengen Maßnahmen greifen. Die Ausgaben des Staates stiegen hauptsächlich durch die Solderhöhung, was anfangs mit Emissionserweiterung[2], dann mit verschiedenen Steuererhöhungen ausgeglichen wurde. Einige Indizien scheinen sogar auf Maximalpreise zu deuten; das Geld hatte damals selbst im internen Verkehr einen Zwangskurs. Das neue Gleichgewicht zwischen *aureus* und den anderen Geldsorten ist vor allem dem parthischen Goldschatze aus Carrhae zu verdanken. Zu den Folgen der neuen Finanzordnung und der veränderten Wirtschaftsverhältnisse zählt auch die Krisis in der Industrie, welche bisher auf Verkauf für Geld gearbeitet hatte: Fast alle Sigillatenfabriken[3] stellen ihre Tätigkeit um 220 n. Chr. ein. Auch Geldverwaltung und Fiscus[4] werden neugestaltet, die Bureaukratie wird ins Ungemessene ausgebaut. Caracalla greift dann zu revolutionären Mitteln, besonders zur *constitutio Antoniniana*[5], und eine neue Geldsorte taucht auf. Die Nachfolger wollen zum alten System zurückkehren, aber das verhindern die Verhältnisse. Den Sold des Militärs kann man nicht herabsetzen, die Soldaten sind zum wichtigsten Macht- und Wirtschaftsfaktor des Staates geworden: dies wird für Macrinus ganz deutlich. Sein Mißerfolg spricht eine eindeutige Sprache. Seine Nachfolger können nicht mehr verhindern, daß in der zweiten Hälfte des II. Jh. eine schreckliche Inflation das römische Wirtschaftsleben gänzlich verwüstet.

Anmerkungen:

1) Siehe Begriffsglossar (→ Währung).
2) Gemeint ist die Erhöhung der Münzproduktion (im modernen Bankwesen dagegen bezeichnet man mit Emission die Unterbringung neuer Anleihen oder Aktien auf dem Kapitalmarkt).
3) Mit dem (modernen) Begriff terra sigillata wird das tönerne Tafelgeschirr aus der römischen Kaiserzeit benannt, dessen Hauptmerkmal die hochrote, gleichmäßige Farbe ist.
4) fiscus Caesaris, die Separatkasse der römischen Kaiser, ursprünglich von der Staatskasse (aerarium Saturni) völlig getrennt. Im 4. Jhdt. wurde der fiscus, in dem mit der Zeit das aerarium aufging, in largitiones sacrae umbenannt; auch die Organisation seiner Verwaltung änderte sich.
5) Vgl. dazu Q 2 und 3!

Arbeitsauftrag:

1. Worin sieht der Verfasser die Gründe für die Währungsstabilität im 2. Jhdt. und die Inflation im 3. Jhdt. n. Chr.? Nehmen Sie Stellung dazu und ziehen Sie zum Vergleich die Entstehung einer modernen Inflation (z. B. 1923) heran.
2. Welche Aussagen des Autors decken sich mit den Angaben in Q 6?

Q 8   Probleme wirtschaftshistorischer Darstellung

Zum Vergleich seien die Ausführungen von M. Rostovtzeff herangezogen (Gesellschaft und Wirtschaft im römischen Kaiserreich, übers. von L. Wickert, 1929, II, S. 177 ff.); dieses Werk ist bis heute grundlegend für die römische Kaiserzeit geblieben:

Es ist durchaus nicht leicht, ein Bild der allgemeinen Lage des Reiches im dritten Jahrhundert zu geben, besonders für die Zeit nach Severus Alexander; aber eine Reihe hervorstechender Tatsachen, die mit genügender Sicherheit bezeugt sind, beleuchtet den raschen Fortschritt des wirtschaftlichen Verfalls und den untrennbar damit verbundenen Niedergang der Zivilisation in der ganzen Mittelmeerwelt. Eine der fühlbarsten Erscheinungen im Wirtschaftsleben war die rapide Geldentwertung und das noch schnellere Ansteigen der Preise. Den Markstein in der allmählichen Entwertung der Silberwährung und in dem Verschwinden der Goldmünzen vom Markte bezeichnete die Regierung Caracallas, der den *denarius* durch den *Antoninianus* ersetzte. Von da an sank die Kaufkraft der Reichsmünze immer mehr. Der Denar, der im ersten Jahrhundert ungefähr dem Betrage von siebzig Pfennigen entsprach und im zweiten kaum ein wenig fiel, galt um die Mitte des dritten Jahrhunderts etwas weniger als zwei Pfennige. Dieser Währungsverfall wurde auch durch die Reformen des zweiten Claudius und Aurelius – der die neue Währung, καινον νομισμα, wie sie in Ägypten hieß, einführte – nicht aufgehalten, obgleich diese Reformer endgültig mit der alten Praxis der Ausgabe wirklichen Geldes, das einen der Menge und Reinheit des Metalls entsprechenden Handelswert besaß, brachen und das neue System der Kreditmünze einführten, die fast gar keinen Sachwert hatte und nur deswegen in Zahlung genommen und in Umlauf gebracht wurde, weil der Staat sie anerkannte.

Hand in Hand mit der Geldentwertung ging das Ansteigen der Preise für Waren des täglichen Bedarfs. Statistiken haben wir nicht, aber die Untersuchung von Tausenden von Papyri hat mit aller Deutlichkeit gezeigt, wenigstens für Ägypten, wie enorm die Preise im dritten Jahrhundert stiegen und wie wenig stabil sie das ganze Jahrhundert hindurch, besonders in seiner zweiten Hälfte, im Vergleich zu den verhältnismäßig festen Preisen des zweiten Jahrhunderts gewesen sind ... Der Weizenpreis war in Ägypten im ersten und zweiten Jahrhundert, besonders im zweiten, überraschend fest: er betrug sieben oder acht Drachmen[1] für die *artaba*[2]. In den schwierigen Zeiten am Ende des zweiten Jahrhunderts stieg er auf achtzehn bis zwanzig Drachmen, das heißt, der Weizen wurde fast so teuer wie sonst nur zu Zeiten der Hungersnot, und in der ersten Hälfte des dritten schwankte er zwischen zwölf und zwanzig Drachmen. Die Entwertung des Geldes und das Steigen der Preise dauerte an; schließlich kostete unter Diokletian eine *artaba* zwanzig Talente, das heißt 120 000 Drachmen. Natürlich wurde jetzt mit Kreditgeld bezahlt, aber der Sprung ist ganz erstaunlich. Leider besitzen wir für die Zeit zwischen Gallienus und Diokletian keine Angaben. Ähnlichen Veränderungen war der Lohntarif unterworfen. Der Tagelohn eines erwachsenen männlichen ungelernten Arbeiters betrug in den ersten beiden Jahrhunderten n. Chr. vier bis sechs Obolen; das ergibt im Monat eine Summe, die dem Wert von zwei bis drei *artabae* Korn entsprach und kaum für den Unterhalt einer Familie ausreichte. Allerdings dürfen wir nicht vergessen, daß mit dem Vorhandensein einer Klasse von berufsmäßig auf Tagelohn ausgehenden Arbeitern in Ägypten schwerlich zu rechnen ist. In der Mehrzahl waren die Tagelöhner Gelegenheitsarbeiter, die einen Dauerberuf anderer Art hatten – die meisten waren Bauern –; zudem arbeiteten die Frauen und Kinder mit. Wie die Lage des Industriearbeiters war, ist nahezu unbekannt. In der ersten Hälfte des dritten Jahrhunderts stiegen die Löhne auf etwa zwei, drei und fünf Drachmen, aber da der Kornpreis sich fast verdoppelte und fortwährend stieg, blieb die Lage der Arbeiter ebenso schlecht wie vorher. Als das Kreditgeld in Umlauf kam, wurden die Löhne äußerst unbeständig, und die ganze Arbeiterfrage unterlag einer radikalen Veränderung.
Es kann nicht überraschen, wenn sich unter solchen Verhältnissen die wildeste Spekulation im Wirtschaftsleben breit machte, besonders die Wechselspekulation.

Anmerkungen:

[1] Obole und Drachme waren Silbermünzen, Mine und Talent Recheneinheiten der griechischen Währung. 1 Talent = 60 Minen; 1 Mine = 100 Drachmen; 1 Drachme = 6 Obolen.
[2] ägyptisches Trockenmaß, entsprach 1 griechischen Scheffel (Medimnos).

Arbeitsauftrag:

1. Worin liegt nach Ihrer Meinung die Schwierigkeit für den Historiker, wenn er Angaben zur Wirtschaftsgeschichte der Spätantike machen will und ein Bild der allgemeinen Lage zu entwerfen sucht?
2. Können die Verhältnisse in Ägypten, die Rostovtzeff heranzieht, für das ganze Reich als typisch gelten?
3. In welchen Punkten decken sich die Ausführungen Rostovtzeffs mit den Angaben in Q 6 und Q 7?

III Neuordnung des Reiches unter Diokletian und Konstantin

Einsicht in die Möglichkeiten und Grenzen notwendiger Reformen

Q 9 Kaiser Diokletian (284–305): Dominus et Deus

Aurelius Victor (vgl. Q 4 f.; Caesares 39; Übers. Arend 711; s. a. Q 10):

Auf Grund einer Entschließung der militärischen Führer und Tribunen wurde Valerius Diocletianus, der Kommandeur der Garden, wegen seiner Einsicht zum Kaiser gewählt; ein bedeutender Mann, doch war es bezeichnend für ihn, daß er der erste war, der für sich goldbestickte Kleider wählte und seidene, purpurne und mit der Pracht von Edelsteinen besetzte Fußbekleidung beanspruchte. Wenn das allein schon mehr ist, als einem Bürger zukommt und von einer aufgeblasenen und verschwenderischen Gesinnung zeugt, so ist es noch geringfügig neben dem anderen: denn er zuerst – wie vor ihm nur Caligula und Domitianus – ließ sich öffentlich mit ‚Dominus' anreden und wie einen Gott verehren und anrufen ... Doch diese Fehler wurden aufgewogen durch seine sonstigen Vorzüge: während er sich als ‚Dominus' anreden ließ, zeigte er sich in der Tat als Vater seiner Untertanen ... Um den Geltungsbereich des römischen Rechtes zu schützen und zu erweitern, nahm er mehrere Männer, und zwar Ausländer, zu Teilhabern seiner Regierung an. Als er erfuhr, daß ... in Gallien Aelianus und Amandus mit einer aufgebotenen Schar von Landleuten und Räubern – Bagauden von den Einwohnern genannt – weit und breit die Äcker verwüsteten und viele Städte in ihre Gewalt zu bringen versuchten, ernannte er sogleich seinen treuen Freund Maximianus, einen zwar halbbäurischen jedoch kriegstüchtigen Mann von guter Veranlagung, zum Imperator ... Dieser erhielt später, wegen seiner Verehrung des Hercules, den Beinamen Herculius, so wie Valerius [Diocletianus] den Beinamen Jovius [anspielend auf Jupiter] annahm ... Zur gleichen Zeit erschütterten die Perser den Osten und Julianus und die Quinquegentanischen Völker Afrika ... Deshalb ernannten die [beiden Imperatoren] den Julius Constantius und Galerius Maximianus ... zu Caesaren und fesselten sie durch Verwandtschaftsbande an sich; beide nahmen sich nach Auflösung ihrer früheren Ehen neue Frauen, Constantius die Stieftochter des Herculius, Galerius die Tochter des Diocletianus ... Sie alle stammten aus Illyrien; trotz ihrer geringen Bildung waren sie doch, dank ihrer Vertrautheit mit den Mühsalen des Landlebens und des Kriegsdienstes, vortreffliche Herrscher ... Zu Diocletianus schauten sie alle wie zu einem Vater oder wie zu einem mächtigen Gotte auf ... Da die Last der Kriege, von der ich schon sprach, immer heftiger und drückender wurde, teilten sie gleichsam das Reich: Constantius wurde alles Land jenseits der Alpen, das zu Gallien gehört, anvertraut, Afrika und Italien dem Herculius, Illyrien und die Küste bis an die Meerengen des Schwarzen Meeres dem Galerius, alles übrige blieb bei Diocletianus ...

Arbeitsauftrag:

1. Fertigen Sie ein Schema mit den Namen der Tetrarchen an. Welche Gründe können für die Wahl der Caesaren maßgebend gewesen sein? Wie sollte auf längere Sicht der Wechsel in der Nachfolge funktionieren? Wo mußten sich bei diesem System zwangsläufig Schwierigkeiten ergeben?
2. Welche Bedeutung kam der Heiratspolitik in diesem System zu?
3. Suchen Sie auf der Karte die Reichsgebiete auf, die den einzelnen Tetrarchen unterstanden. Welche Gründe können für diese geographische Einteilung maßgebend gewesen sein?
4. Welche Folgen konnte diese Einteilung für die künftige Entwicklung der einzelnen Reichsteile haben?
5. Welche Gründe könnten für die Abdankung bestanden haben?
6. Wo konnte Diokletian Vorbilder für seine Herrscherauffassung und die Gestaltung des Zeremoniells gefunden haben?

Q 10 Reichsreform unter Diokletian

Eine andere Sicht der Reichsreform als Aurelius Victor (Q 9) bietet Lactantius (ca. 260 bis nach 320), Christ aus Nordafrika, am Hofe Diokletians in Nikomedia vermutlich Lehrer Konstantins d. Gr.; ging 315 als Erzieher von Konstantins Sohn Crispus nach Trier. Sein Hauptwerk waren die divinae institutiones, eine erste lateinische Darstellung des christlichen Glaubens, gerichtet an gebildete Heiden. In seinem sehr polemisch gehaltenen Buch über die Todesarten der Verfolger (de mortibus persecutorum, c 7, deutsch in BKV, Bd. 36) schreibt er:

Diokletian, groß in der Erfindung von Verbrechen und im Anstiften von Unheil, konnte bei dem allgemeinen Verderben, das er verbreitete, auch von Gott die Hand nicht zurückhalten. Er verdarb den Erdkreis zugleich durch seine Habsucht und Furchtsamkeit. Drei Mitregenten erhob er, teilte das Reich in vier gleiche Teile und vervielfältigte die Heere, weil jeder von ihnen eine bei weitem größere Anzahl von Soldaten zu haben trachtete, als früher die Herrscher besessen hatten, die doch das Reich allein regiert hatten. Die Zahl der Nehmenden begann die Zahl der Gebenden so sehr zu übersteigen, daß durch die Maßlosigkeit der Steuern die Kräfte der Kolonen erschöpft wurden, sie ihre Felder verließen und die Äcker sich in Wald verwandelten. Und um alles mit Schrecken zu erfüllen, teilte er auch die Provinzen in kleine Brocken. Viele Statthalter und noch mehr Behörden wurden jeder Landschaft und schon fast jeder Stadt aufgezwungen; dazu kamen zahlreiche Steuerbeamte, Behördenchefs und Vertreter der Reichsverwaltung, die alle selten bürgerliche Rechtsverhandlungen leiteten, umso häufiger Verurteilungen und Verbannungen, Ablieferungen unzähliger Dinge nicht oft, vielmehr ununterbrochen durchführten, und bei diesen Ablieferungen kam es zu unerträglichen Gewaltakten. Man hätte das noch aushalten können, soweit es zum Unterhalt der Soldaten notwendig war. Aber in seiner unersättlichen Habgier wollte er nie den Staatsschatz verkleinern, sondern trieb immer wieder außerordentliche Abgaben und ‚Geschenke' ein, um völlig unversehrt zu erhalten, was er aufgestapelt hatte. Da er nun durch seine vielfachen Ungerechtigkeiten eine riesige Teuerung hervorgerufen hatte, versuchte er die Preise aller verkäuflichen Dinge gesetzlich festzulegen [vgl. Q 12]. Da wurde wegen geringfügiger und wertloser Dinge viel Blut vergossen, aus Furcht wurde nichts mehr öffentlich zum Verkauf angeboten, bis das Gesetz nach dem Tode vieler von der Notwendigkeit selbst aufgehoben wurde.

Arbeitsauftrag:

1. Stellen Sie in einem Quellenvergleich gegenüber, in welchen Punkten Aurelius Victor und Lactantius voneinander abweichen.
2. Suchen Sie Bilder vom Kaiserpalast Diokletians in Split (Jugoslawien) zu erhalten.
3. Warum konnte sich innerhalb der Mauern dieses Palastes eine Stadt entwickeln?

Q 11 *Diokletian aus der Sicht des modernen Historikers*

In seiner zu unserem Thema insgesamt wichtigen Monographie „Constantin d. Große und sein Jahrhundert" (1960²) bemerkt J. Vogt (S. 104 f.; 109):

Doch es ist nur die eine Seite des diocletianischen Systems, die an die Grundgedanken der Republik und des augusteischen Prinzipats erinnert, die andere läßt recht deutlich den Dominat erkennen. Daß bei der Regelung der Nachfolge vom Senat überhaupt nicht mehr die Rede war und das Heer die Übertragung der Herrschaft nur noch mit seinem Zuruf begleiten konnte, enthüllt den vollendeten Absolutismus. Es war folgerichtig, daß dieses Selbstherrschertum nun auch in den Insignien und in der Tracht des Kaisers wie im höfischen Zeremoniell zum Ausdruck kam. Wir wissen durch die Untersuchungen von Andreas Alföldi, daß Diocletian den Kaiserornat und die höfische Sitte der Spätantike nicht einfach vom neupersischen Reich entlehnt hat. Seit den severischen Kaisern waren die schlichten Formen des Prinzipats nach und nach aufgegeben oder den Symbolen und Zeremonien des Königtums angenähert worden. Diocletian hat diese Umgestaltung der Formen fortgesetzt. Von nun an wurden Szepter und Globus Insignien des Herrschers, in der bildlichen Darstellung umgab der Nimbus das Haupt des Begnadeten. Dieser hielt sich zurückgezogen aus dem Bereich gewöhnlicher Menschen; wenn die Untertanen in das Allerheiligste vorgelassen wurden, so begrüßten sie den Herrn durch kniefällige Adoration. Diese Absonderung vom Untertanen, mochte dies ein Mann aus dem Volk oder ein hochgestellter Beamter sein, sollte – das war die Absicht – den Monarchen unantastbar machen. Eine seltsame Mischung von rationaler Berechnung und echter Gläubigkeit tritt uns hier wieder entgegen. Der Mensch Diocletian, der mit solcher Bewußtheit Umgebung und Volk in Abstand hielt, war von seiner göttlichen Berufung durchdrungen und bezog auch die Mitherrscher, die niemand als er selbst erhoben hatte, in die geweihte Sphäre ein. Man denkt an das Gottesgnadentum des Absolutismus, treffender noch an die Göttlichkeit des Tenno im jüngstvergangenen Japan und darf wohl sagen, daß solche Verehrungen des Herrschers einem Glauben entspricht, der mehr politisch als religiös genannt werden muß. ...

So hat die Tetrarchie durch einheitliches Handeln das Reich in Ordnung gebracht. Die im Westen und Osten erzielten Erfolge waren weniger einer genialen Kriegsführung als einer klugen Auswertung aller Erfahrungen des vergangenen Jahrhunderts zu verdanken. Diocletian nahm die Bedrohung des Reiches als eine Tatsache, mit der immer zu rechnen war. Er suchte daher Abhilfe nicht durch augenblickliche Notwehrakte, sondern durch Reformen grundsätzlicher Art. Der Staatsmann Diocletian, der in Generationen zu denken wußte, zog die Summe aus den Versuchen mancher Vorgänger, die die Fesseln des Soldatenkaisertums nicht hatten abstreifen können.

Arbeitsauftrag:

1. Vogt vergleicht Diokletians Herrschertum mit dem aufgeklärten Absolutismus: An welche Herrscher dieser Zeit kann dabei gedacht werden?
2. Ziehen Sie zu dem Quellenvergleich (Arbeitsauftrag Q 10) die Darstellung von Vogt heran. Wie läßt sich Vogts positive Bewertung der Tetrarchie mit den Aussagen des Aurelius Victor und des Lactantius in Einklang bringen?
3. Auf welchem Wege kann die wissenschaftliche Forschung zu ihren von antiken Quellen abweichenden Ergebnissen kommen? Welche Rückschlüsse lassen sich daraus auf die Schwierigkeiten einer objektivierten Darstellung ziehen?

Q 12 *Das Preisedikt Diokletians von 301 (sog. Maximaltarif)*

Das aus zahlreichen Fragmenten zu rekonstruierende Dokument (hgg. v. S. Lauffer, Berlin 1971, vgl. Christ, Röm. Gesch. 267 f.: deutsch im Auszug bei Arend 715) besteht aus einer Vorrede (Titulatur der vier amtierenden Kaiser und dem Edikt selbst) sowie dem beigefügten, zum Edikt gehörenden Preistarif (c. 1–37). Das für das ganze Reich geltende Edikt wurde vielleicht nur in den östlichen Provinzen (bis 1974 ca. 140 Fragmente bekannt, meist aus Griechenland, Kleinasien, Kyrenaika) inschriftlich publiziert (als Original galt lateinischer Text).

Die beiden Augusti und die beiden Caesares [Namen; Amtstitel] tun kund: Wer ist so abgestumpft und menschlichem Fühlen entfremdet, daß ihm unbekannt bleiben könnte, ja, daß er überhaupt nicht bemerkt hätte, daß bei den Waren, die entweder im Großhandel oder im täglichen Handelsverkehr der Städte umgesetzt werden, eine solche Willkür der Preise eingerissen ist, daß die schrankenlose Profitgier weder durch die reichlichen Vorräte noch durch die Fruchtbarkeit der Jahresernten gemildert wurde? Wer wüßte nicht, daß überall, wohin unsere Heere im Interesse der allgemeinen Sicherheit hingesandt werden, nicht nur in Dörfern und in Städten, nein, auf jeder Straße die verwegene Gewinnsucht den Interessen der Allgemeinheit auflauert und entgegentritt ... und schließlich, daß bisweilen beim Kauf eines einzigen Gegenstandes der Soldat seiner Sonderzulage [donativum] und seines Soldes beraubt wird? Und daß alles, was der ganze Erdkreis aufbringt, um unsere Heere zu erhalten, dem abscheulichen Gewerbe dieser Räuber zur Beute wird? ... Durch all das ... mit vollem Recht veranlaßt ..., haben wir uns entschlossen, für die Handelsware zwar nicht feste Preise zu bestimmen, ...aber doch ein Maß zu setzen, auf daß, wenn eine Teuerung irgendwo mit Macht hereinbrechen sollte — mögen die Götter ein solches Unglück abwenden! — die Gewinnsucht ... durch die Begrenzungen, die in unserem Statut festgesetzt sind, und durch die Schranken eines mäßigenden Gesetzes gezügelt werde. Es ist also unser Wille, daß die Preise, die in der unten angefügten Liste verzeichnet sind, in unserem ganzen Reiche eingehalten werden; und jedermann soll davon Kenntnis nehmen, daß die Freiheit, sie willkürlich zu überschreiten, ihm beschnitten ist; damit soll in keiner Weise der glückliche Zustand billiger Preise an den Plätzen, wo offensichtlich Überschuß an Waren besteht, behindert werden. ... Wer sich gegen die Ordnung dieses Statutes in frecher Verwegenheit stellt, soll — so ist es mein Wille — einem Gerichtsverfahren auf Leben und Tod unterworfen werden ... Welche Preise beim Verkauf der einzelnen Waren von niemandem überschritten werden dürfen, wird unten angegeben[1]:

Getreide:

Weizen	100
Gerste	100
Roggen	60
Hafer	30
Linsen	100
Leinsamen	150

Weine:

Picener	30
Falerner	30
Landwein	8
Wermutwein	20

Öle u. a.:

Olivenöl (1. Abfluß)	40
Olivenöl (2. Abfluß)	24
Olivenöl (3. Sorte)	12
Essig	6
Honig (1. Qualität)	40
Honig (2. Qualität)	20

Fleisch:

Schweinefleisch	12
Rindfleisch	8
Ziegen- oder Hammelfleisch	8
Geräucherte Schweinswürste	16
Geräucherte Rindswürste	10

Arbeitslöhne:

Landarbeiter mit Verpflegung	tgl. 25
Maurer mit Verpflegung	tgl. 50
Anstreicher (pictor parietarius)	tgl. 75
Stubenmaler (pictor imaginarius)	tgl. 150
Barbier je Person	2
Schreiber für 100 Zeilen beste Schrift	25
Schreiber für 100 Zeilen gewöhnliche Schrift	20
Elementarlehrer (je Schüler monatlich)	50
Rechenlehrer (calculator) (je Schüler monatlich)	75
Sprachlehrer für Griechisch oder Latein und Geometrielehrer	200
Rhetoriklehrer (orator sive sophista) (je Schüler monatlich)	250

Stiefel:

Stiefel (beste Arbeiterstiefel ohne Nägel)	120
Soldatenstiefel (ohne Nägel)	100
Bürgerschuhe (calcei patricii)	150
Damenschuhe	60

Anmerkung:

[1]) Preise und Löhne sind in Denaren angegeben (vgl. *Währung*); die für den Preis gültige Menge ist bei Getreidesorten ein sog. Lagerscheffel (13,2 Liter), bei Wein u. a. ein Hohlmaß von 9,5 Liter, bei Fleisch u. a. ein röm. Pfund (= 327,4 gr.); Wert des Denars und Gewichte bzw. Maße sind jedoch teils noch umstritten.

Arbeitsauftrag:

1. Welche Gründe können für die Entstehung einer willkürlichen Preisentwicklung maßgebend gewesen sein? Warum war das Heer von diesem Preiswucher besonders betroffen? Stellen Sie die Schlüsselwörter heraus!

2. Wie läßt sich die Härte der Strafe (Tod) bei Überschreitung des Gesetzes erklären? Nehmen Sie Stellung zu dieser Maßnahme.

3a Ziehen Sie einen Vergleich zwischen den Preisen der verschiedenen Nahrungsmittel.

3b Vergleichen Sie die Arbeitslöhne! In welchen Berufen verdiente man gut oder schlecht? Ziehen Sie Vergleiche zu heutigen Verhältnissen.

4. Worin sehen Sie die Gründe für das Scheitern dieses Ediktes? Reichten die Mittel und Kräfte des Staates aus, um die Einhaltung des Ediktes zu gewährleisten?

5. Lassen sich bei Diokletians Maßnahmen bereits planwirtschaftliche Tendenzen feststellen? Ziehen Sie Vergleiche zur Gegenwart.

6. Suchen Sie Beispiele, wo in früheren oder späteren Zeiten der Staat in die wirtschaftlichen Verhältnisse steuernd einzugreifen versuchte.

Q 13 *Zwangsbindung der Ratsherren*[1]

Codex Theodosianus (313 n. Chr.; 12, 1, 1; Übers. Arend 740):

Keiner der richterliche Gewalt hat, soll versuchen, irgendein Ratsmitglied [curialis] von seinen Pflichten gegenüber der Gemeinde freizustellen oder jemanden nach eigenem Ermessen von der Zugehörigkeit zum Stadtrate [curia] zu befreien. Sollte nämlich jemand derart durch unglückliche Umstände finanziell ruiniert sein, daß er unterstützt werden muß, so gehört es sich, dies zu unserer Kenntnis zu bringen, auf daß ihm für eine gewisse Zeit Befreiung von seinen Pflichten der Gemeinde gegenüber gewährt werde.

Codex Theodosianus (320 n. Chr.; 12, 1, 7; Übers. Arend 740):

Wir verordnen, daß die Söhne von Dekurionen, die das Alter von 18 Jahren erreicht haben, sich in der Provinz Karthago vertraut machen, mit ihren Pflichten gegenüber den Gemeinden. Denn es darf nicht gewartet werden damit, bis sie sich von der Zugehörigkeit zu ihrer Familie und den heiligen Banden der väterlichen Gewalt gelöst haben, da die Wünsche ihrer Väter den Interessen der Gemeinden nicht nachteilig vorgreifen sollen. (s. a. Q 48)

Anmerkung:

[1]) Der Stand der Ratsherren der Städte (curiales oder decuriones), einst gebildet aus den ehemaligen Magistraten, wurde im 4. Jhdt. zu einem Stand, in den man bei einem gewissen Mindestmaß an Besitz eintreten mußte und aus dem man nur aufgrund besonderer Privilegien ausscheiden konnte. Diese für die Spätantike typische Zwangsbindung (vgl. Q 14; → collegia) war zudem erblich. Die Nöte der unter anderem für das Steueraufkommen der Städte haftbaren Kurialen spiegeln sich in den 192 Verfügungen, welche der Codex Theodosianus (vgl. Q 48) in XII, 1 ff. für die Zeit von 313–436 überliefert.

Arbeitsauftrag:

1. Welche Gründe bewogen die Machthaber zu diesem Eingriff in den privaten Bereich der Oberschicht? Zeigen Sie die daraus resultierenden Folgen für den Staatsapparat auf und nehmen Sie Stellung dazu.
2. Wie beurteilen Sie die Konsequenzen, die sich in politischer, wirtschaftlicher und sozialer Hinsicht für die Betroffenen ergaben?

Q 14 *Zur Lage der Kolonen*

Kolonen (coloni) waren Bauern, die als Pächter auf privaten und kaiserlichen Gütern saßen. Anders als bei den Sklaven (vgl. Q 15 und Glossar) brauchten die Grundherren nicht für Verpflegung und Kleidung aufzukommen. Ansätze zum Kolonat gab es schon in der früheren Kaiserzeit, doch erst unter Diokletian wurde zeitlich unbegrenzte und vererbliche Bodenpacht allgemein verbreitet. Spätestens 332 wurde nun verboten, die Pacht zu verlassen (Cod. Theodos. 5, 17, 1; Übers. Arend 743):

Bei wem auch immer ein Kolone, der einem anderen gehört [iuris alieni], aufgefunden wird, der soll diesen nicht nur an seinen alten Platz, woher er stammt, zurückbringen, sondern soll auch für ihn die Kopfsteuer für die entsprechende Zeit [wo er bei ihm war] erstatten. Die Kolonen selbst, die auf Flucht sinnen, soll man wie es *Sklaven* zukommt, mit eisernen Fesseln binden, damit sie gezwungen werden, die Pflichten, die ihnen als Freien zukommen, infolge ihrer Verurteilung zum Sklavenstande zu erfüllen.

Cod. Theodos. 13, 10, 3 (von 357):

Wenn jemand ein Landgut verkaufen oder verschenken will, darf er auf Grund persönlicher Vereinbarung keine Kolonen zurückbehalten, um sie in andere Gegenden zu überführen ... (Übers. ebenf. Arend 743)

Arbeitsauftrag:

1. Worauf läßt sich zurückführen, daß durch harte gesetzliche Maßnahmen eine Flucht der Kolonen verhindert werden sollte?
2. Warum waren die Kolonen an die Scholle gebunden? Suchen Sie vergleichbare Beispiele im Mittelalter und der Neuzeit.

Q 15 *Sklaven in der Spätantike*

Aufschluß über die Situation der Sklaven und zugleich über den Reichtum senatorischer Familien um 400 gibt eine Stelle aus der Vita der jüngeren Melania[1], Tochter eines Senators, die sich mit zwanzig Jahren (im Jahre 403) zusammen mit ihrem Gatten Pinianus zur Askese und zum Verkauf ihrer Güter entschloß[2] (Übers. Krottenthaler in BKV):

Während beide damit beschäftigt waren, schickte Satan, der Feind der Wahrheit, sich an, auf das härteste sie zu versuchen. Er sah voll Neid die glühende Gottesliebe des jungen Paares und gab Severus, dem Bruder des seligen Pinian, ein, ihre Sklaven aufzuhetzen, so daß sie erklärten: „Wir lassen uns überhaupt nicht verkaufen; zwingt man uns aber, dann soll Severus, dein Bruder, unser Gebieter sein und uns kaufen." Die beiden wurden sehr bestürzt, als sie sahen, daß sogar die Sklaven in der Umgebung Roms sich empörten ... Da nun ihre Sklaven auf den Gütern um die Stadt sich empörten, sagte diese zu dem seligen Gatten: „Jetzt müssen wir doch zur Königin gehen; denn, erheben sich sogar die Hausklaven in der Nähe gegen uns, was werden dann die anderen tun, die weit hinweg in den Städten sind, in Spanien und Kampanien, in Sizilien und Afrika und Mauretanien, in Britannien und den übrigen Ländern?"

Der Text ist zu ergänzen aus der sogenannten Historia Lausiaca (meist Kurzbiographien von Heiligen) des Palladius, Bischof von Helenopolis in Bithynien, gestorben vor 431 (c. 61; Übers. Krottenthaler, BKV):

... Achttausend Sklaven ließ sie mit deren Zustimmung frei; denn die anderen wollten nicht, sondern zogen es vor, ihrem Vetter als Sklaven zu dienen; ihm überließ sie alle und gab jedem drei Goldstücke ... (hierzu vgl. Glossar: Askese, Mönchtum, Sklaven; Q 37)

Anmerkungen:

[1]) Verfasser ist wahrscheinlich der von Melania erzogene Mönch Gerontios, gestorben 485.
[2]) Die am östlichen Hof sehr angesehene Melania (gest. 439) lebte seit 417 meist in einem von ihr gegründeten Kloster in Jerusalem.

Arbeitsauftrag:

1. Warum zogen Sklaven es vor, in ihrem Stand zu bleiben?
2. Was bedeutet die Weltflucht reicher Adliger für den Staat?

IV Römische Religionspolitik im 4. Jahrhundert n. Chr.

Verständnis für Verlauf und Charakter der Auseinandersetzungen zwischen den alten Religionen und dem Christentum

Q 16   *Das Toleranzedikt von Nikomedien (30.4.311)*

Das von Laktanz (s. Q 10) überlieferte Edikt (griech. Übers. bei Eusebius – Q 17 – Kirchengeschichte 8, 17) soll Galerius, der seit 293 Caesar, von 305 bis 311 Augustus war, von seinem Sterbebett aus erlassen haben. Galerius war nach Laktanz eigentlicher Urheber der großen, 303 beginnenden Verfolgung; Eusebius hingegen belastet vor allem Diokletian. (Laktanz, Von den Todesarten der Verfolger, 34; Übers. A. Hartl, BKV, Bd. 36; s. auch Arend, 720)

Unter den übrigen Anordnungen, die wir immer zu Nutz und Frommen des Gemeinwesens treffen, waren wir bisher willens gewesen, im Einklang mit den alten Gesetzen und der staatlichen Verfassung der Römer alles zu ordnen und auch dafür Sorge zu tragen, daß auch die Christen, welche die Religion ihrer Väter verlassen hatten, zu vernünftiger Gesinnung zurückkehren. Denn aus irgendeinem Grunde hatte eben diese Christen ein solcher Eigenwille erfaßt und solche Torheit ergriffen, daß sie nicht den Einrichtungen der Alten folgten, die vielleicht ihre eigenen Vorfahren zuerst eingeführt hatten, sondern sich nach Gutdünken und Belieben Gesetze zur Beobachtung schufen und in verschiedenen Gegenden verschiedene Bevölkerungen zu einer Gemeinschaft vereinigten. Nachdem dann von uns der Befehl ergangen war, zu den Einrichtungen der Alten zurückzukehren, sind viele in Anklagen auf Leben und Tod verwickelt, viele auch von Haus und Herd verscheucht worden. Und da die meisten auf ihrem Vorsatze verharrten und wir sahen, daß sie weder den Göttern den gebührenden Dienst und die schuldige Verehrung erwiesen, noch auch den Gott der Christen verehrten, so haben wir in Anbetracht unserer höchsten Milde und Schonung und im Hinblick auf unsere immerwährende Gepflogenheit, allen Menschen Verzeihung zu gewähren, diese unsere bereitwilligste Nachsicht auch auf die Christen ausdehnen zu müssen geglaubt, so daß sie von neuem Christen sein und ihre Versammlungsstätten wieder herstellen dürfen, jedoch so, daß sie nichts wider die öffentliche Ordnung unternehmen. Durch ein anderes Schreiben werden wir den Gerichtsbeamten Anweisung geben, welches Verfahren sie einzuhalten haben. Daher wird es auf Grund dieser unserer Nachsicht Aufgabe der Christen sein, zu ihrem Gott zu beten für unsere Wohlfahrt, für die Wohlfahrt des Staates und ihre eigene, auf daß nach jeder Richtung hin das Gemeinwesen vor Schaden bewahrt bleibe und sie sorglos auf ihren Wohnsitzen leben können.

Arbeitsauftrag:
1. In welchem Lichte läßt Laktanz die Maßnahmen des Galerius erscheinen?
2. Inwiefern sind seine Maßnahmen typisch für Verlauf und Charakter der Auseinandersetzungen zwischen den alten Religionen und dem Christentum?

Q 17–19   *Hinwendung Konstantins zum Christentum*

Nach dem Tode des Galerius (311, s. Q 16) kam es zum Streit zwischen den vier Teilherrschern. Konstantin drang dabei von Gallien her in Italien ein und siegte schließlich am 28.10.312 an der Milvischen Brücke vor den Toren Roms über Maxentius. Er verband damit nach Eusebius und Laktanz (s. Q 18) seine Entscheidung für das Christentum. Ungeachtet der legendären Gestaltung der Berichte wird diese Ansicht heute in der Forschung meist geteilt.

Q 17   *Eusebius*

Eusebius, 260 bis ca. 340 n. Chr. stammte aus Palästina, war von 313 an Bischof von Caesarea (Pal.). Aus seinen zahlreichen, vorwiegend theologischen Werken seien nur genannt: die – im Original verlorene, von Hieronymus (s. Q 37) übersetzte und ergänzte – Chronik, die von den Anfängen bis 325 führende Kirchengeschichte (deutsch v. H. Kraft, Darmstadt 1967) und die ihm heute meist zugeschriebene, ein christliches Herrscherideal entwickelnde Lobschrift zum Leben Konstantins (sog. Vita Constantini, deutsch v. A. Bigelmair, BKV, Bd. 9; hier zit. Kap. 1,27 ff. nach Arend, 722).

Er bedachte aber wohl, daß er einer mächtigeren Hilfe bedürfe, als sie Heere ihm zu bieten imstande wären ... darum suchte er an Gott einen Helfer und baute erst in zweiter Linie auf seine gute Ausrüstung und die Größe seines Heeres ... Da er nun ernst bedachte, welchen Gott er annehmen solle, kam ihm der Gedanke, daß ehedem, als mehrere Männer die Herrschaft ergriffen hatten, die einen davon, die ihre Hoffnung auf mehrere Götter gesetzt ... hatten, ... ein unglückliches Ende fanden, ohne daß einer von ihren Göttern ihnen hilfreich zur Seite gestanden wäre, um sie vor dem vom Himmel verhängten Untergang zu bewahren. Einzig sein Vater habe den entgegengesetzten Weg eingeschlagen, ihren Irrtum verworfen und Gott selber, den über der Welt thronenden Herrn, in seinem ganzen Leben geehrt. ... Er rief also in seinen Gebeten diesen Gott an und flehte inständig zu ihm, er möge ihm offenbaren, wer er sei, und ihm zu dem bevorstehenden Unternehmen hilfreich seine Rechte reichen. Während der Kaiser aber so betete und eifrig darum flehte, erschien ihm ein ganz unglaubliches Gotteszeichen, das man wohl nicht leichtgläubig hinnehmen würde, wenn ein anderer davon berichtete; da es aber der siegreiche Kaiser uns selbst, die wir diese Darstellung schreiben, lange Zeit hernach, als wir seiner Freundschaft und des Verkehrs mit ihm gewürdigt waren, erzählt und sein Wort mit Eidschwüren bekräftigt hat [kurz vor des Kaisers Tode], wer sollte da noch Bedenken tragen, der Erzählung Glauben zu schenken, zumal auch die Folgezeit der Wahrheit seines Wortes Zeugnis gab? Um die Stunde der Mittagszeit, da sich der Tag schon neigte, habe er, so erzählte der Kaiser, mit eigenen Augen oben am Himmel über der Sonne das

Siegeszeichen des Kreuzes, aus Licht gebildet, und dabei die Worte gesehen: „Durch dieses siege!" Staunen aber habe bei diesem Gesichte ihn und das ganze Heer ergriffen, das ihm eben auf seinem Marsche, ich weiß nicht wohin, folgte und dies Wunder schaute. Da sei er nun in Verlegenheit gewesen, was doch diese Erscheinung bedeute. Während er aber dies erwogen und noch lange darüber nachgedacht habe, habe ihn die Nacht überrascht. Da habe sich ihm nun im Schlafe der Christus Gottes mit dem am Himmel erschienenen Zeichen gezeigt und ihm aufgetragen, das am Himmel geschaute Zeichen nachzubilden und es bei seinen Kämpfen mit den Feinden als Schutzpanier zu gebrauchen. . . . Es war aber dies Zeichen auf folgende Art verfertigt: ein langer goldüberzogener Lanzenschaft trug eine Querstange und hatte somit die Gestalt des Kreuzes; am oberen Ende des Ganzen war ein kunstvoll geflochtener Kranz aus Gold und Edelsteinen befestigt, in dem das Zeichen für den Namen des Erlösers angebracht war, zwei Buchstaben, die als Anfangsbuchstaben den Namen Christi bezeichneten, indem das P in der Mitte durch das X gekreuzt wurde[1] . . . Dieses heilbringende Zeichen gebrauchte nun der Kaiser stets als Schutzmittel gegen jede Macht, die sich ihm feindlich entgegenstellt, und er befahl, daß das Abbild desselben allen seinen Heeren vorangetragen werde.

Anmerkung:

[1]) Das Christusmonogramm, die griechischen Buchstaben Chi (X) und Rho (P) findet sich bereits um 315 auf Münzen (Abb.: Dörries 8).

Q 18 *Lactantius*

(Aus: de mortibus persecutorum, 44 – vgl. Q 10; Übers. A. Hartl, BKV, Bd. 36; s. a. Arend, 721)

. . . In der ersten Schlacht [vor den Toren Roms] behielt das Heer des Maxentius die Oberhand. Da faßte Constantinus neuen Mut, und zu Sieg oder Tod entschlossen, rückte er mit der ganzen Macht gegen die Stadt heran und lagerte sich gegenüber der Milvischen Brücke. Es stand der Tag bevor, an dem Maxentius die Herrschaft angetreten hatte; es war dies der 27. Oktober . . . Constantinus ward im Traume ermahnt, das himmlische Zeichen Gottes auf den Schildern anbringen zu lassen und so die Schlacht zu beginnen. Er kommt dem Befehle nach, und indem er den Buchstaben X waagrecht legte und die oberste Spitze umbog, zeichnete er Christus auf die Schilde. Mit diesem Zeichen bewaffnet, greift das Heer zum Schwert.

Q 19 *Inschrift auf dem 315 in Rom errichteten Triumphbogen*

(Corpus Inscriptionum Lat. VI, 1139; Übers. Arend, 722 c)

Dem Imperator Caesar Flavius Constantinus Maximus, dem Frommen und Glücklichen, Augustus, hat der Senat und das römische Volk, weil er auf Eingeben der Gottheit [instinctu divinitatis] und durch die Größe seines Geistes zusammen mit seinem Heere das Gemeinwesen durch gerechte Waffen zugleich an dem Tyrannen und seinem ganzen Anhang gerächt hat, zum Zeichen seiner Triumphe diesen Triumphbogen geweiht.

Arbeitsauftrag zu Q 17 bis Q 19:

1. Mit welchen Begründungen kann man den Angaben des Eusebius einen besonderen Aussagewert zusprechen?
2. Worin unterscheiden sich die Angaben des Laktanz über das Traumzeichen Konstantins von denen des Eusebius?
3. Welcher Quellenwert kann den Angaben des Laktanz zugemessen werden? (Vgl. Q 10)
4. Wer hat den Triumphbogen für Konstantin errichten lassen? Von wem stammt wohl der Text der Inschrift?
5. Warum ist auf dem Triumphbogen nicht vom Christengott die Rede? Mit welchem Ausdruck werden die visionären Vorgänge angedeutet? Was kann die Verfasser der Inschrift zu dieser Umschreibung veranlaßt haben? Suchen Sie ihre Lage und Haltung zu beurteilen.

Q 20 *Das erste ökumenische Konzil: Nicaea (Bithynien) 325* (vgl. S. 7)

Bei dem von Kaiser Konstantin einberufenen Konzil (lat. concilium = Synode, griech. synhodos: Versammlung von Vertretern, später meist Bischöfen christlicher Gemeinden, erstmals nach der Mitte des 2. Jhdts. in Kleinasien stattfindend), ging es vor allem um die Formulierung eines allgemein anerkannten Bekenntnisses, wobei die Lehren des Arius verurteilt, die des Athanasius für gültig erklärt wurden (vgl. S. 8; Homoiousia – Homoousia, der Unterschied ein Jota). Eusebius berichtet – interessant auch für das Zeremoniell (vgl. Q 9) – in der Vita Constantini, 3, 10 f. (Übers. J. Pfättisch, BKV, Bd. 9; s. a. Arend, 735):

Als aber der festgesetzte Tag, an dem die Synode die Zwistigkeiten endlich beheben sollte, erschienen war, da kamen alle, die zur Synode berufen worden waren, in dem Saal mitten im kaiserlichen Palaste zusammen, in dem, da er auch alle anderen an Größe zu überbieten schien, der Reihe nach viele Sitze an beiden Seiten aufgestellt waren, und alle nahmen den ihnen zukommenden Sitz ein. Als sich aber die ganze Versammlung mit der geziemenden Würde niedergelassen hatte, herrschte in der Erwartung des Einzugs vom Kaiser allgemeines Schweigen . . . Auf das Zeichen aber, das die Ankunft des Kaisers verkündete, erhoben sich alle, und nun trat er selber mitten in die Versammlung, wie ein Engel Gottes vom Himmel her, leuchtend in seinem glänzenden Gewande wie von Lichtglanz, strahlend in der feurigen Glut des Purpurs und geschmückt mit dem hellen Schimmer von Gold und kostbarem Edelgestein . . . Als er aber bis zur vordersten Reihe der Plätze gegangen war und dort, wo ihm ein kleiner Sessel aus Gold hingestellt war, mitten in der Versammlung stand, wollte er sich nicht eher setzen, als bis die Bischöfe ihn durch Winke dazu aufgefordert hatten. Dasselbe tat auch die ganze Begleitung des Kaisers. Darauf erhob sich der Bischof, der auf der rechten Seite den Platz einnahm, und hielt eine ziemlich kurze Rede, in der er sich an den Kaiser wandte und seinetwegen dem allmächtigen Gott feierlich Dank sagte. Als sich aber auch dieser gesetzt hatte, trat Stille ein; aller Augen blickten unverwandt auf den Kaiser, dieser aber sah sie alle mild mit freundlichem Blick an, sammelte sich im Geiste und hielt dann mit ruhiger und sanfter Stimme folgende Rede: „Mein höchster Wunsch war es, meine Freunde, mich eurer Versammlung erfreuen zu können, und da ich ihn erfüllt sehe, spreche ich offen dem Herrscher der Welt meinen Dank aus, daß er mir zu allem andern auch noch dieses Glück zu erleben gewährt hat, das jedes andere übersteigt; ich meine das Glück, euch hier alle versammelt zu finden und zu sehen, daß alle ein und dieselbe einträchtige Gesinnung haben. Nicht also soll ein neidischer Feind unser Glück trüben, nicht soll der Dämon, der Freund alles Schlechten, nachdem durch die Macht des Erlöser-Gottes die gegen Gott ankämpfenden Tyrannen aus dem Wege geräumt sind, das göttliche Gesetz auf andere Weise bekriegen, indem er es mit Lästerungen überschüttet. Denn für schlimmer als jeder Krieg und jeder furchtbare Kampf gilt mir der innere Zwist der Kirche Gottes, und schmerzlicher scheint mir dies als Kämpfe nach außen... Als ich wider alles Erwarten von eurem Zwiste vernahm, hielt ich, was ich hörte, durchaus nicht für unbedeutend, sondern von dem Wunsche beseelt, daß auch hierin durch meine Vermittlung Abhilfe geschaffen werde, rief ich ohne Verzug euch alle zusammen... Dann aber, glaube ich, sind am allermeisten meine Wünsche erfüllt, wenn ich finde, daß ihr alle eines Herzens seid und daß ein allgemeiner Friede und eine Eintracht unter euch allen herrscht, die ihr als Priester Gottes geziemender Weise auch andern predigen müßt. Zögert also nicht, o geliebte Diener Gottes und getreue Knechte des gemeinsamen Herrn und Erlösers von uns allen, die Veranlassung zu eurem Zwiste jetzt sogleich vorzubringen und die ganze Kette von Streitigkeiten durch Gesetze des Friedens zu lösen..." Nachdem der Kaiser also in lateinischer Sprache gesprochen und ein anderer seine Worte verdolmetscht hatte, gab er den Vorsitzenden der Synode das Wort.

Arbeitsauftrag:

1. Welche religionspolitischen Gründe und Zielsetzungen können das Auftreten und die ausgleichende Haltung Konstantins mitbestimmt haben?
2. Welche Entwicklung im Verhältnis zwischen Staat und Kirche bahnt sich hier an? — Welche Vorteile und Gefahren für beide Seiten konnten sich aus dieser Entwicklung ergeben? — Wie wirkt sich Konstantins Entscheidung in den folgenden Jahrzehnten aus?
3. Stellen Sie wesentliche Merkmale und Einschnitte in der Entwicklung des Verhältnisses von Staat und Kirche in Mittelalter und Neuzeit heraus. — Charakterisieren und beurteilen Sie das Verhältnis in der Gegenwart.
4. Suchen Sie auf der Karte die Stätten der vier großen ökumenischen Konzilien: Nicaea, Konstantinopel, Ephesos, Chalkedon. — Welche Gründe können für die Wahl dieser Orte maßgebend gewesen sein? — Wie wird sich die geographische Lage auf die Zusammensetzung der Konzilsteilnehmer ausgewirkt haben?
5. Stellen Sie in einer Kartenskizze die Ausbreitung des Christentums dar und erklären Sie die Schwerpunktbildungen.

Q 21 *Wiederherstellung des alten Kultes durch Kaiser Julian (361 n. Chr.)*

Neben anderen Zeugnissen, wie der um 440 verfaßten Kirchengeschichte des Sozomenos aus Konstantinopel (s. a. Arend, 749) haben wir die Rerum Gestarum Libri, eine 31 Bücher umfassende römische Geschichte (lat.-dt. mit Einleitung und Kommentar v. W. Seyfarth, Darmstadt 1970/71) des Ammianus Marcellinus. Dieser ca. 330 in Antiochia geborene Heide wurde Offizier, nahm 363 am Perserfeldzug Julians teil, kam gegen 380 nach Rom, gewann dort Verbindung zum Adel. Aus dem von 96 – also an Tacitus anschließend – bis 378 reichenden Werk ist die Darstellung von 353 an (Buch 14–31) erhalten. Ammianus, einer der bedeutendsten römischen Historiker (vgl. auch Q 31 und 34), informiert vielseitig und sachlich, wenn auch mit Tendenz etwa zugunsten Julians[1] und zuungunsten der Kaiser Constantius II. und Valens. Ammianus 22, 5 (Übers. hier W. Arend, 749):

Julianus[1] hatte zwar von frühester Jugend an einen starken Hang zur Verehrung der heidnischen Gottheiten und war auch, als er allmählich heranwuchs, von der brennenden Sehnsucht, das zu verwirklichen, erfüllt; da er aber vielerlei zu befürchten hatte, betrieb er gewisse dieser Riten möglichst im geheimen; als aber alles weggefallen war, was er zu befürchten hatte, und er den Zeitpunkt gekommen sah, ganz nach seinem Willen zu handeln, enthüllte er die geheimen Gedanken seines Herzens und verkündete in ganz klaren und eindeutigen Befehlen seinen Beschluß, die Tempel wieder zu öffnen und Opfertiere den Altären zuzuführen und den Kult der Götter wiederherzustellen. Um diesen Anordnungen mehr Nachdruck zu geben, rief er die sich bekämpfenden christlichen Bischöfe zusammen mit dem in Meinungen gespaltenen Volke in seinen Palast und redete ihnen freundlich zu, sie sollten ihre Streitigkeiten beiseitelassen und jedermann solle unbehelligt seiner Religion ohne Furcht nachgehen. Das betrieb er aus dem Grunde mit solcher Hartnäckigkeit, um auf diese Weise die Spannungen zu vermehren und infolgedessen nicht später beim Volke eine einmütige Gesinnung befürchten zu müssen, aus der Erfahrung heraus, daß kein wildes Tier den Menschen so feindlich ist, wie es die meisten Christen gegeneinander sind.

Anmerkung:

[1] Geboren 313 als Sohn eines Stiefbruders Konstantins d. Gr., 355 zum Caesar ernannt und nach Gallien entsandt, Februar 360 von der Armee zum Augustus ausgerufen, Dezember 361 Alleinherrscher. Die religiöse Haltung dieses Kaisers, der eine religiöse Erneuerung auf der Grundlage der alten Kulte anstrebte, spiegeln seine literarischen Werke, besonders seine Briefe (deutsch in Auswahl, mit Einleitung v. L. Goessler, Zürich 1971) wider; verschärfte Verfolgung der Christen scheint für die Zeit nach dem Perserfeldzug, bei dem Julian am 22.6.363 – vermutlich von einem Christen verwundet – starb, geplant gewesen zu sein.

Arbeitsauftrag:

1. Welchen Kreisen kam Julian mit seinen Maßnahmen entgegen? — Welche Ziele verfolgte er mit seiner Religionspolitik?
2. Worauf sind die hier genannten inneren Schwierigkeiten der Christen zurückzuführen? — Wie mußten sie sich nach außen hin auswirken?

Q 22 *Das Glaubensedikt des Theodosius von 380*

Theodosius, Augustus im Osten seit 19.1.379, zunächst beschäftigt mit Ordnung der Verhältnisse auf dem Balkan, erließ, selbst noch ungetauft (Taufe im Herbst 380) und ohne Mitwirkung kirchlicher Stellen, am 27.2.380 von Thessalonike aus ein im Codex Theodosianus (XVI, 1, 2) überliefertes Gesetz (übers. im Wesentlichen nach W. Enßlin bei Lippold, 17 f.):

Alle Völker, die unsere Milde regiert, sollen nach unserem Willen in dem Glauben [religio] leben, den der göttliche Apostel Petrus, wie der von ihm verkündigte Glaube bis heute zeigt, den Römern überliefert hat und den der Pontifex Damasus[1] und der Bischof Petrus von

Alexandreia, ein Mann von apostolischer Heiligkeit, offensichtlich befolgen; das heißt, daß wir glauben nach der apostolischen Unterweisung und der evangelischen Lehre des Vaters und des Sohnes und des Heiligen Geistes eine Gottheit in gleichartiger Majestät und in frommer Dreifaltigkeit. Die diesem Gesetz folgen, sollen, so gebieten wir, die Bezeichnung „katholische Christen"[2] beanspruchen; die übrigen aber – nach unserem Urteil Unsinnige und Verrückte – sollen die schimpfliche Ehrenminderung der Häresie erleiden und ihre Versammlungsorte dürfen nicht den Namen von Kirchen erhalten. Sie sollen zuerst durch göttliches Gericht, dann durch Ahndung unseres richterlichen Einschreitens, das wir, gestützt auf des Himmels Ermessen treffen werden, bestraft werden[3].

Anmerkungen:

[1]) Bischof von Rom 366–384.
[2]) Erstmals in einem amtlichen Dokument.
[3]) Die Glaubensformel, das den Grundsatz des Glaubenszwanges beinhaltende Gesetz, wurde durch das von Theodosius 381 nach Konstantinopel einberufene Konzil (das 2. ökumenische Konzil) bestätigt bzw. präzisiert (das heutige Nicaeno-Constantinopolitanum).

Arbeitsauftrag:

1. Inwiefern steht es dem Kaiser zu, Verordnungen im Glaubensbereich zu treffen?
2. Vergleichen und beurteilen Sie Konstantins und Theodosius' Haltung gegenüber der Kirche.

Q 23 „Staatskirche" unter Theodosius?

A. Lippold zieht im Schlußkapitel seines Buches „Theodosius der Große und seine Zeit", 1968 (s. Literaturverzeichnis), zur Religionspolitik dieses Kaisers folgende Bilanz (S. 132 f.):

Festigung der Reichseinheit war ein gewichtiger und auf keinen Fall zu übersehender Aspekt bei der in erster Linie allerdings von der religiösen Überzeugung bestimmten Religionspolitik des Theodosius. Ohne Konsultation kirchlicher Stellen hat Theodosius im Jahre 380 den Grundsatz des Glaubenszwanges verkündet. Er hat dann im Lauf seiner Regierungszeit Gesetze gegen Christen, welche sich nicht zum Nicaenum bekannten und daher als Häretiker galten, und gegen Heiden erlassen. Auf Grund solcher Gesetze kam es dann auch tatsächlich zu Verfolgungen um des Glaubens willen. Theodosius und seine christlichen Zeitgenossen sahen in diesen Maßnahmen eine konsequente Fortsetzung des von Konstantin eingeschlagenen Weges. Da nun schon Augustin Theodosius als das eigentliche Musterbild eines christlichen Kaisers ansah und sich später etwa Huldreich Zwingli auf Theodosius als Vorbild für die Schöpfung einer Staatskirche berief, hat in neuerer Zeit wieder H. Dörries dem Theodosius die Verantwortung vor der Geschichte für die Begründung des unduldsamen Staatskirchentums zugewiesen. Dörries stellt die kritische Toleranz Konstantins und die Intoleranz des Theodosius gegenüber und kommt unter anderem zu dem Ergebnis, daß sich seit Theodosius, nicht durch Konstantin, die beiden Bereiche von Staat und Kirche deckten. Man wird Dörries zugeben, daß Konstantin zwar die Hinwendung der Untertanen zum christlichen Glauben gewünscht hat, er aber im Gegensatz zu Theodosius „den letzten Schritt, den der Nachhilfe mit staatlicher Macht, vermieden" hat.

Aber nun einmal ganz abgesehen zum Beispiel davon, daß Konstantin sich selbst noch nicht zu einem bestimmten christlichen Bekenntnis durchgerungen hatte, ist doch vor allem zu bedenken, daß zwischen seinem Tode und dem Jahre 380 über 40 Jahre eines weiteren zahlenmäßigen Anwachsens der Christen im Reich, äußerst gefährlicher Streitigkeiten innerhalb der Christenheit und eines weiteren Zerfalls heidnischer Kulte lagen. Da es dem Historiker nicht ansteht, der Frage nachzugehen, ob Konstantin selbst nicht in der veränderten Situation die gleiche Konsequenz aus seiner bisherigen Politik gezogen hätte wie Theodosius im Jahre 380, sei lieber nochmals an einige Tatsachen erinnert, welche Anlaß geben sollten, die Religionspolitik des Theodosius nicht zu einseitig vom Edikt des Jahres 380 her zu beurteilen: Theodosius hat zwar in Glaubensfragen autoritäre Entscheidungen getroffen, aber er hat selbst im Osten darauf verzichtet, eine straff vom Kaiser her gelenkte und ihm als Machtinstrument dienende Reichskirche einzurichten. Der Kaiser hat andererseits zwar einzelnen Bischöfen Gehör geschenkt, aber doch selbst einem Ambrosius keinen wirklichen Anteil an der Regierung eingeräumt. Theodosius hat die Gegner des Nicaenums seit 380 weder ständig noch mit allen aus seinen Gesetzen zu ziehenden Konsequenzen verfolgen lassen. Dies ist jedoch nicht als Ausdruck einer nur schwächlichen Regierungsautorität anzusehen, sondern vielmehr als Folge davon, daß der Kaiser mit gutem Blick für politische Realitäten bewußt darauf verzichtete, das 380 deutlich vorgezeichnete Ziel auf Biegen und Brechen erreichen zu wollen. Im Gegensatz zu manchem Scharfmacher aus den Reihen der Kirche, sah er den staatlichen Zwang nur als einen allerletzten Ausweg an. Der so manchmal seine Milde unter Beweis stellende Herrscher hoffte vielmehr, daß die Untertanen mit Hilfe Gottes selbst den Weg zum richtigen Glauben finden würden.

Arbeitsauftrag:

1. Wie steht der Autor zu der in der Forschung erörterten Antithese „Kritische Toleranz Konstantins – Intoleranz des Theodosius"? – Welche Argumente führt er für seine Auffassung an?
2. Vergleichen Sie Lippolds Urteil über das Verhältnis zwischen Staat und Kirche unter Theodosius mit Q 26 und Q 27.

Q 24 Der Streit um den Altar der Victoria – Bittschrift des Symmachus

Errichtet von Augustus im Sitzungssaal des Senates (29 v. Chr.), wurde der Altar 357 n. Chr. von Constantius II. entfernt, von Julian zurückgeführt, 383 von Gratian abermals herausgenommen. Eine Gesandtschaft des Senates an den Hof in Mailand (vgl. Q 26, A. 1) erbat 384 von Gratians Nachfolger Valentinian II. u. a. die Rückführung des Altars. Die durch den Stadtpräfekten Symmachus (in Relatio III) wirkungsvoll vorgetragenen Bitten wurden auf schriftlichen Einspruch des Ambrosius (s. Q 25) hin abgewiesen. Die Symmachusrede und die Ambrosiusbriefe (mit Übersetzung und Kommentar bei R. Klein, Der Streit um den Victoriaaltar, 1972) sind für uns hervorragende Zeugnisse für die Auseinandersetzung zwischen „Heiden" und Christen im 4. Jhdt. n. Chr.
Aus der Relatio III des Symmachus[1] (übers. nach F. Klingner, Römische Geisteswelt, [5]1965, 510 ff. = Arend, 753):

Sobald der hohe, Euch immer ergebene Senat wahrgenommen hat, daß das Schlechte dem Gesetz unterworfen ist, und gesehen hat, daß von frommen Kaisern der Ruf jüngstvergangener Zeiten beseitigt wird, hat er, der ermutigenden Mahnung eines guten Zeitalters Folge leistend, den lange hinabgedrückten Schmerz ausgespien und mir aufgetragen, noch einmal Botschafter seiner Klage zu sein ... Wir suchen um den religiösen Zustand nach, der dem Gemeinwesen lange förderlich gewesen ist ... Ein jeder hat seinen eigenen Brauch, seinen eigenen Gottesdienst. Nicht einerlei Götterdienst hat den Städten der göttliche Geist zu Schutz und Schirm zugewiesen. Wie die Seelen bei der Geburt den Menschen, so werden den Völkern schicksalbestimmte Schutzgottheiten zugeteilt. Dazu kommt Nutzen und Frommen; das vor allem beweist dem Menschen die Götter. Denn da alles Erkennen im Dunkel befangen ist: woher besser als aus der Überlieferung und den Denkmalen günstigen Geschicks kommt das Wissen um die Götter? Wenn weiter lange Dauer der Religion Autorität gibt, dann muß man diesen vielen Jahrhunderten die Treue halten, und wir müssen unsern Vätern folgen, die zu ihrem Heil den ihrigen gefolgt sind. Wir wollen denken, Roma stehe jetzt bei uns und wende sich mit diesen Worten an Euch: „Ihr auserwählten Kaiser, Väter des Vaterlandes, habt Scheu vor meinen Jahren, in die mich frommer gottesdienstlicher Brauch geführt hat. Ich will die heiligen Begehungen der Vorfahren behalten, denn es braucht mich nicht zu reuen. Ich will nach meinem Brauch leben, denn ich bin frei. Dieser Götterdienst hat den Erdkreis unter meine Gesetze gebracht, diese heiligen Handlungen haben Hannibal von den Mauern, vom Kapitol die Senonen zurückgeworfen. Dazu bin ich also gerettet und erhalten, daß ich mich im hohen Alter zurechtweisen lassen muß? Ich werde sehen, welchen Wert das hat, was man glaubt einführen zu müssen; doch verspätet und demütigend ist die Zurechtweisung des Alters." So bitten wir denn um Frieden für die Götter der Vorfahren, für die angestammten Götter. Billigerweise hält man für Eines jenes Unbekannte, das alle verehren. Es sind die gleichen Sterne, zu denen wir aufschauen, gemeinsam ist der Himmel, eine und dieselbe Welt hüllt uns ein; welchen Unterschied macht es, mit welcher Denkart jeder die Wahrheit sucht? Auf einem einzigen Weg kann man nicht zu diesem großen Geheimnis gelangen ... Die geheimnisumwitterte hilfreiche Macht aller Bekenntnisse möge Eurer Gnaden Segen verleihen und besonders die schirmende Hut, die einst Euren Ahnen half! Euch möge sie beschützen, von uns möge sie verehrt werden! ...

Anmerkung:

[1]) Quintus Aurelius Symmachus (ca. 345–402), Heide aus Rom, war 384/385 Stadtpräfekt und 391 Consul. Er galt als hervorragender Redner, bemüht um Pflege alter Traditionen in Kult und Literatur. Neben Reden sind über 900 Briefe, meist privaten Inhalts, aus der Zeit von 365 bis 402 bekannt.

Q 25 *Die Entgegnung des Ambrosius*

Ambrosius, geboren ca. 335 in Trier, sein Vater war praefectus praetorio Galliarum. Als amtierender Statthalter von Aemilia-Liguria wurde Ambrosius 374 zum Bischof von Mailand gewählt und gewann in dieser Position außerordentlichen politischen Einfluß, der sich vor allem auf die künftige Entwicklung des Verhältnisses zwischen Staat und Kirche auswirkte (vgl. Q 26). Er war hochgebildet, beeindruckte durch seine Predigten nicht zuletzt Augustinus (Q 28), den er 387 taufte, und war aufgrund seines praktischen Wirkens – u. a. geht die Einführung des Kirchengesangs im Abendland auf ihn zurück – wie durch seine exegetischen und dogmatischen Schriften (deutsch in Auswahl in BKV) einer der bedeutendsten Kirchenväter (gest. 397). Ambrosius, Brief 18 (Übers. Klein):

Dem glücklichsten Herrscher und mildesten Kaiser Valentinianus Augustus der Bischof Ambrosius ... Daher will ich jetzt auf den Inhalt dieser Relatio eingehen, nicht weil ich an Deinem Glauben zweifle, sondern weil ich schon für die Zukunft sorge und weil ich sicher weiß, daß Du meine Antwort wohlwollend prüfen wirst. Ich bitte Dich nur darum, daran zu denken, daß man nicht auf gewählte Worte, sondern auf die Macht der Gedanken achten muß. Denn golden ist, wie die Heilige Schrift lehrt, die Zunge der weisen Sprecher. Reich an betörenden Worten trifft sie uns gleichsam mit den Strahlen ihrer glänzenden Beredsamkeit wie eine kostbare Farbe. Mit ihrem schönen Aussehen fesselt sie das Auge unseres Geistes und blendet es durch ihre Erscheinung. Doch betastet man dieses Gold genauer, so entlarvt es sich als ein äußerlicher Wert, innen ist es gewöhnliches Metall. Ich bitte Dich, überdenke und prüfe die Lehren der Heiden. Prächtige und großartige Worte lassen sie ertönen, aber was sie verteidigen, entbehrt der Kraft der Wahrheit. Sie sprechen zwar von Gott, aber ein Götterbild beten sie an ... Drei Gedanken hat der hohe Stadtpraefekt in seiner Relatio vorgebracht, die er für wirksam hielt: Daß die Stadt Rom ihre alten Kulte, wie er sagt, zurückverlange, daß den Priestern und den Jungfrauen der Vesta Vorrechte zugestanden werden müßten und daß sich eine allgemeine Hungersnot eingestellt habe, weil den Priestern diese Vorrechte verweigert wurden.

Arbeitsauftrag:

1. Inwieweit geht es in Q 24 und 25 um Toleranz und Intoleranz?

2. Was besagen die Texte zum Verhältnis zwischen Kaiser und Untertanen?

Q 26 Kirchenbuße des Theodosius, Mailand¹, Weihnachten 390

Nachdem bei einer Revolte (Hauptursache: Verhaftung eines Zirkuskutschers) in Thessalonike der General Butherich erschlagen wurde, kam es aufgrund eines zu spät widerrufenen kaiserlichen Befehls zu Massenmord (Frühjahr 390). Ambrosius (s. Q 25) forderte auch von Theodosius öffentliche Buße. Er gedenkt dieses Vorfalls in der Leichenrede auf Theodosius, 395 (de obitu Theodosii, Übers. J. Niederhuber, BKV, Bd. 32; vgl. auch Arend, 761):

Ich habe den Mann geliebt, der mehr dem Tadler als dem Schmeichler beipflichtete. Er legte allen königlichen Schmuck ab, den er zu tragen pflegte, beweinte öffentlich in der Kirche seine Sünde, die ihn auf das trügerische Zureden anderer übermannt hatte, und flehte unter Seufzen und Tränen um Vergebung. Wessen gewöhnliche Leute sich schämen, dessen schämte der Kaiser sich nicht: öffentliche Buße zu tun. Und auch später verging kein Tag, an dem er nicht schmerzlich jener Verirrung gedacht hätte.

Anmerkung:

¹) Mailand (Mediolanum), stets bedeutend, war im 4. Jhdt. häufig kaiserliche Residenz (von 402 an wurde dies Ravenna), sowie u. a. Sitz des praefectus praetorio für Illyricum, Italien und Afrika – also Vorort eines großen Reichsbezirkes – und des vicarius Italiae, dem die italienischen Provinzen unterstanden.

Q 27 Theodosius' Buße – Das Urteil der Mit- und Nachwelt

Verleitet durch die Legendenbildung (greifbar z. B. in der Kirchengeschichte des Theodoret von 440) kam man dazu, den Bußakt von Weihnachten 390, der allein als Sieg der Bußgewalt über den reuigen Sünder anzusehen ist, in Parallele zum Gang Heinrichs IV. nach Canossa (1077) zu setzen. Dazu meint Wilhelm Enßlin (Die Religionspolitik des Kaisers Theodosius d. Gr., 1953, S. 75 f.):

Es war ein Sieg der Bußgewalt über einen reuigen Sünder, aber es war nicht der grundsätzliche Sieg der Kirche über den Kaiser und damit nicht ein Markstein in dem beiderseitigen Verhältnis von Kirche und Staat, als den man dieses Ereignis immer wieder bezeichnet findet. Theodosius hatte sich als frommer Christ und Glied der Kirchengemeinschaft wie jeder fromme Laie der Bußgewalt des Bischofs gebeugt und damit die Verbindlichkeit des christlichen Moralgesetzes auch für den sonst nicht mit menschlichen Maßstäben gemessenen Inhaber der höchsten weltlichen Gewalt anerkannt. Theodosius, der in jedem Falle seine Christenpflicht ernst zu nehmen gewillt war und sich an Gottes Gebot gebunden fühlte, unterwarf sich dem Bischof, dem die Vollgewalt der christlichen Satzungen anvertraut war. So haben es die Zeitgenossen gesehen und in der Buße einen Ruhmestitel des christlichen Kaisers erblickt, so Ambrosius selbst, wenn er nach dem Hingang des Theodosius in seiner Buße einen Akt der Selbsterniedrigung sieht, den er mit Christi Selbsterniedrigung vergleicht. Und er gesteht, er habe den Mann geliebt, der den Ankläger mehr als den Schmeichler bewährt fand, und mit seinem öffentlichen Bußakt ohne Erröten als Kaiser etwas tat, wovor sonst Privatleute erröteten. Augustin fragt, ob es je etwas Wunderbareres gegeben habe als des bußfertigen Kaisers demütige Erniedrigung, aber bringt keine Siegerstimmung der Kirche zum Ausdruck. Auch Rufinus kommt es nur darauf an, zu zeigen, wie der Kaiser von einer höllischen Macht verstrickt, durch Buße sein Fehl wieder gut machte. Auch noch Theodoret kommt trotz allen seinen Ausschmückungen und Übersteigerung zu dem Schluß, der Erzpriester und der Kaiser erstrahlten in so hervorragender Trefflichkeit: „an beiden bewundere ich bei dem einen seinen Freimut, bei dem anderen seinen willigen Gehorsam, bei dem einen die Wärme seines Eifers, bei dem anderen die Reinheit des Glaubens." Daher müssen wir einer Auffassung die Zustimmung versagen, die zu dem Bußakt meint, es sei eine gerade Linie von Mailand nach Canossa.

Arbeitsauftrag:

1. Worin unterscheidet sich diese Auseinandersetzung des Jahres 390 von den Vorgängen, die im Jahre 1077 zum Gang Heinrichs IV. nach Canossa führten? Zeigen Sie an diesen zwei Beispielen den Sinn von historischen Vergleichen und die Gefahr von Fehlschlüssen und Verallgemeinerungen auf.

V Das Alte und das Neue Rom

Einblick in Wesen und Wandel der Romidee

Q 28 *Einnahme Roms durch die Westgoten, 410* (dazu S. 8)

Aurelius Augustinus, geboren 354 in Thagaste in Numidien, kam 385 als Lehrer der Rhetorik nach Mailand und wurde dort, auch unter Einfluß des Ambrosius (Q 25), Christ. Von 395 bis zu seinem Tode im Jahre 430 war er Bischof von Hippo (Numidien), er starb dort während der Belagerung durch die Vandalen. Augustinus, der „heidnisches" und christliches Bildungsgut seiner Zeit in höchstem Maße beherrschte, wirkt als Seelsorger (ca. 500 Predigten sind erhalten), Theologe und Philosoph bis heute nach; er wird als größter Kirchenvater des Westens bezeichnet. Von den zahlreichen Werken (deutsch: Auswahl in BKV) seien wenigstens genannt: die 22 Bücher vom Gottesstaat (de civitate dei) – eine grundlegende Auseinandersetzung zwischen Glauben und Unglauben; die Bekenntnisse (Confessiones) – eine Art, bis zur Taufe (387) reichende Autobiographie. In De civitate dei (Übers. W. Thimme, [2]1978), Buch I (entstanden 413), stellt er den Fall Roms, zu dem er sich auch in den Jahren 410 und 411 in Predigten äußerte, als eine gerechte Strafe Gottes dar, die zugleich aber auch Gottes Barmherzigkeit offenbare. Aus I 4 f.:

Bis hierher wütete der Blutdurst des Feindes, hier fand die Mordlust ihre Grenze, und wenn mitleidige Feinde auch außerhalb dieser Stätten Schonung übten, hierher geleiteten sie die Verschonten, damit sie nicht anderen in die Hände fielen, die solches Erbarmen nicht walten ließen. Aber auch die Erbarmungslosen, die anderwärts wild und nach Feindesart wüteten, sobald sie an die Stätten kamen, wo verwehrt war, was außerhalb nach dem Kriegsrecht als erlaubt gelten konnte, so zügelte sich ihr unmenschlicher Grimm und die Gier nach Gefangenen brach sich. So entrannen dem Verderben viele, die heute auf die christlichen Zeiten schmähen und die Leiden, die die Stadt erduldet hat, Christus zuschreiben. Daß ihnen aber um der Ehre Christi willen Heil widerfuhr, indem sie am Leben blieben, das schreiben sie nicht unserem Christus, sondern ihrem Schicksal zu. Und sie sollten doch vielmehr, wenn sie einige Einsicht hätten, die erduldeten Kriegsleiden auf die göttliche Vorsehung zurückführen, die gar oft durch Kriege die verderbten Sitten bessert und austilgt und hinwiederum das Leben der Gerechten und Guten durch solche Heimsuchungen prüft ... dagegen die Schonung, die ihnen allem Kriegsbrauch entgegen rauhe Barbaren allerorts um des Namens Christi willen oder doch an den dem Namen Christi speziell geweihten Stätten[1] erwiesen ... diese Schonung sollten sie den christlichen Zeiten zuschreiben.

Anmerkung:

[1]) Die Schonung von Kirchen und anderen christlichen Kultstätten in Rom durch die Westgoten unter Alarich hebt auch Orosius (Q 38) in seinem Bericht über die Einnahme der Stadt (VII, 39) hervor.

Arbeitsauftrag:

1. Welche Rolle spielten die Westgoten unter Alarich in den Auseinandersetzungen zwischen West- und Ostreich?
2. Wie kam es zur Einnahme Roms durch die Westgoten? Welchen Eindruck mußte die Eroberung Roms in der damaligen Welt hervorrufen?
3. Wie erklären Sie sich, daß diese politischen Vorgänge in der geistigen Auseinandersetzung zwischen Heiden und Christen eine Rolle spielten?
4. Gegen welche Vorwürfe von heidnischer Seite setzte sich Augustin zur Wehr? Versuchen Sie die Argumente zu beurteilen, die er zur Verteidigung des Christentums heranzog.

Q 29 *Romidee um 400*

Eines der wichtigsten Zeugnisse zu diesem „ideologischen Ausdruck universaler Ansprüche" (M. Fuhrmann, Historische Zeitschrift – HZ – 1968, S. 530) bietet Claudius Claudianus, heidnischer Grieche aus Alexandria, der sich seit etwa 394 in Italien aufhielt. Seine dort, von 395 bis 404 in der Umgebung des Hofes entstandenen Gedichte – etwa zum Lobe Stilichos und des Kaisers Honorius, sowie gegen Machthaber im Osten (mit engl. Übers. veröffentlicht v. M. Platnauer, London 1922; vgl. A. Cameron, Claudian, 1970) – bilden auch wesentliche Quellen für die Zeitgeschichte. Laudes Stilichonis III, 1 30 ff. (Übers. v. M. Fuhrmann, HZ 207, 1968, S. 551 f.):

Den Göttern stehst du ganz nahe, Konsul, der du über einer solchen Stadt wachst, dem Höchsten, was auf Erden der Äther umfängt! Ihrer Ausdehnung ist das Auge nicht gewachsen noch das Herz ihrer Pracht noch irgendeine Stimme ihrem Preise. Zu den benachbarten Sternen reckt sie in goldenem Glanz ihre wetteifernden Zinnen empor; sie ahmt mit ihren sieben Hügeln die Himmelszonen nach, sie, Mutter der Waffen und Gesetze, die ihre Herrschaft über alle ausbreitete und dem jungen Recht die Wiege gewährte. Sie ist's, die in engen Grenzen entsprungen, sich ausdehnte zu beiden Polen und, von geringer Stätte aufbrechend, so weit die Sonne reicht, ihre Heere entsandte, sie, die dem Schicksal trotzend, da sie gleichzeitig ungezählte Schlachten lieferte, Spanien eroberte, sizilische Städte belagerte und den Gallier zu Lande niederwarf und zu Wasser den Punier, niemals den Verlusten erlag und, von keiner Wunde eingeschüchtert, größer nur nach Cannae und der Trebia[1], schnaubenden Mut bekundete ... Sie ist's, die als einzige die Besiegten in ihrem Schoße aufnahm und das Menschengeschlecht mit einem gemeinsamen Namen umfing, nach Art einer Mutter, nicht einer Herrin ... Ihren friedenstiftenden Sitten verdanken wir es alle, daß sich der Fremde wie in der Heimat befindet, daß es frei steht, den Wohnsitz zu wechseln, ... daß wir alle ein einziges Volk sind[2]. Die römische Macht wird niemals enden. Die anderen Reiche jedoch haben Schwelgerei durch Laster und Stolz durch Haß gestürzt.

Anmerkungen:

[1]) Niederlagen der Römer gegen Hannibal, 218 (Trebia) und 216 (Cannae).
[2]) Ähnliches Bekenntnis zum Römischen Reich bei Orosius (Q 38), Buch V, Kap. 2,1.

Arbeitsauftrag:

1. Worin sieht der Autor den Aufstieg Roms begründet? Stellen Sie in chronologischer Reihenfolge die historischen Ereignisse zusammen, auf die der Autor anspielt.
2. Worin sieht der Autor hervorstechende Merkmale römischer Weltherrschaft? Sind Ihnen ähnliche Äußerungen aus früherer Zeit bekannt?
3. Vergleichen Sie Claudians Verherrlichung Roms mit der Lobrede des Aelius Aristides (Q 1). Wo finden Sie Parallelen in der Argumentation, wo sehen Sie Unterschiede?

Q 30 *Romidee und Realität*

In seinem Aufsatz „Die Romidee der Spätantike" (HZ 207, 1968, S. 529 ff.) geht M. Fuhrmann zunächst auf den ersten Höhepunkt der Romidee während der Herrschaft des Augustus ein. Daran schließt sich folgende Darstellung an (S. 532):

Der zweite Höhepunkt der Romidee fällt in das ausgehende 4. und beginnende 5. Jh., in die Zeit des Theodosius und seiner Söhne. Jetzt beteiligen sich Angehörige des ganzen Reiches, Heiden wie Christen, an der Debatte; die Romidee ist eine ökumenische Angelegenheit. Die literarischen Zeugnisse behandeln den Gegensatz von Rom und Reich als überwundene Phase der Vergangenheit; der Gegensatz ist aufgehoben, und *urbs* und *orbis* gelten als identisch. Die Rechtfertigungsmotive der einstigen imperialistischen Romidee haben sich verselbständigt: Einheit, Frieden, Wohlfahrt und gleiches Recht werden ohne apologetische Zwecke gepriesen. Das Kaisertum hat in dieser zivilisatorischen Romidee keine beherrschende Rolle mehr. Die konkrete Stadt beginnt sich von ihrer Funktion als Inbegriff des Reiches zu lösen; man bewundert ihre Bauten, zumal ihre Kultstätten, die in das mystische Licht einer bedeutenden Vergangenheit getaucht sind. Die christliche Seite fügt zu diesem gemeinsamen Stratum der einander heftig bekämpfenden Parteien einige weitere Komponenten hinzu: sie überhöht den ersten Prozeß, die Ausbreitung der römischen Macht, durch einen zweiten, durch die Ausbreitung des Christentums, und verknüpft den Gedanken der Bekehrung mit dem Gedanken des Fortschritts; sie sucht Kirche und Reich einander anzunähern oder gar miteinander zu identifizieren.

Fuhrmanns Resümee (S. 560 f.):

Überblickt man das Ganze der spätantiken Romidee, so bewährt sich der Erfahrungssatz, daß die weltanschaulichen Antagonisten einer Epoche einander näher stehen, als ihnen selbst bewußt ist. Die christliche wie die heidnische Seite operierte mit einer Vielfalt überkommener Motive, und man suchte einander fast hektisch in der Pracht der Rom-Entwürfe zu überbieten. Mißt man diese Panegyrik an der staatlich-politischen Realität, so tut sich freilich eine beträchtliche Diskrepanz auf. Der augusteische Herrschaftsgedanke hatte einst ebenso die bestehenden Verhältnisse reflektiert wie die Zivilisationsidee eines Aelius Aristides; die Wunschbilder des theodosianischen Zeitalters hingegen entbehren geradezu jeglichen realen Fundaments, und die schier mystische Inbrunst, die aus allen Dokumenten spricht, steht in krassem Widerspruch zum Elend des spätantiken Zwangsstaates, dessen Kräfte erschöpft waren und der, weit entfernt, so etwas wie Freiheit zu garantieren, fast allen Gruppen der Reichsbevölkerung die härtesten Beschränkungen auferlegte.

Eine Idee wird indes nicht schon dadurch widerlegt, daß sie vor der gleichzeitigen Realität nicht zu bestehen vermag. Dieser Gesichtspunkt fordert gerade beim Romgedanken und seiner sich bis in die Neuzeit erstreckenden Macht Beachtung. Andererseits hat die Gegenwart das Recht, nach ihrer Beziehung zu der komplexen Vorstellung ‚Rom' zu fragen. Die Antwort ergibt sich aus dem Dargelegten: wichtige Komponenten der Romidee sind für die heutige Zeit unannehmbar und man sollte sich davor hüten, durch eine teils illusionistische, teils erbauliche Darstellungsweise über diese Fremdheit hinwegzutäuschen. Doch hat sich wohl auch gezeigt, daß die ältere Forschung geneigt war, gerade die Elemente zu übersehen, die auch gegenwärtig noch einige Aufmerksamkeit beanspruchen dürfen. Hierzu gehört das Faktum, daß der nationale und imperialistische Romgedanke der Augusteer bereits anderthalb Jahrhunderte später durch eine übernationale Zivilisationsidee ersetzt wurde und daß gerade diese Vorstellung in der Rom-Panegyrik der Spätantike eine vielfältige Resonanz gefunden hat; hierzu gehören überhaupt die rationalen und demokratischen Komponenten des Rombildes: das Ideal der Freiheit, Rechtsgleichheit und sozialen Sicherheit, kurz, Rom als Inbegriff einer humanen Kultur.

Arbeitsauftrag:

1. Stellen Sie die Punkte zusammen, an denen Fuhrmann einen Wandel der Romidee von der augusteischen Zeit zur Spätantike feststellt. Welche Rolle mißt er dabei dem Christentum zu?
2. Lassen sich die kritischen Aussagen Fuhrmanns über das Verhältnis von Idee und politischer Realität anhand der bisher erarbeiteten Quellen über den spätantiken Zwangsstaat belegen oder widerlegen?
3. Welche Komponenten der Romidee hält Fuhrmann über ihre Zeit hinaus für wirksam und auch für die heutige Zeit von Interesse? Nehmen Sie dazu Stellung.
4. Wo läßt sich an diesem wissenschaftlichen Text eine Standortgebundenheit des Verfassers erkennen?

Q 31 Verhältnisse in der Stadt Rom

Ammianus Marcellinus (vgl. Q 21) beschäftigte sich mehrfach ausführlich mit der Stadt Rom, besonders in Exkursen, in denen er die Aristokratie und das Volk scharf kritisierte, z. T. auch karikierte (14,6; 28,4). Interessant in diesem Zusammenhang sind auch seine Berichte vom Einzug des Kaisers Constantius II. in Rom, im Jahre 357 (16.10; bei Arend: 744) und von den Prozessen gegen Senatoren (28) sowie seine Beschreibung einer Versorgungskrise (19, 10).

Ammianus 14, 6, 4 ff. (nach Guggenbühl-Weiß, S. 298 f.; bei Arend, 780):

Das Volk der Stadt Rom hielt von der Wiege bis zum Ende der Kindheit, in einem Zeitraum von etwa 300 Jahren, Kriegen um seine Mauern stand: weiter heranwachsend überschritt es nach vielerlei Kriegsdrangsalen die Alpen und das Meer; zum Jüngling und zum Manne erstarkt, brachte es aus jedem Himmelsstrich des weiten Erdkreises Lorbeer und Triumphe nach Hause; nun, wo es sich dem Alter zuneigt und nur noch zuweilen, allein durch den Ruhm seines Namens, siegt, hat es sich in ruhigere Lebensumstände zurückgezogen. Und so hat die ehrwürdige Stadt, nachdem sie den stolzen Nacken wilder Völkerschaften gebeugt und Gesetze erlassen hat, Grundlagen und ewige Anker der Freiheit, wie eine haushälterische, weise und wohlhabende Familienmutter den Kaisern, als ihren Kindern, das Recht überlassen, ihr Erbe zu verwalten. Längst sind die Tribus müßig, die Centurien friedlich geworden, man kämpft nicht mehr um Wahlstimmen, nein, die gesicherten Zeiten eines [Numa] Pompilius sind zurückgekehrt; und doch wird die Stadt an allen Küsten und Erdteilen als Herrin und Königin anerkannt, überall wird das graue Haar ihrer Senatoren mit Ehrfurcht angesehen und der Name des römischen Volkes respektiert und verehrt. Aber dieser strahlende Glanz ihrer Körperschaften wird verdunkelt durch den ungebundenen Leichtsinn einiger weniger, die nicht bedenken, was sie ihrer Geburtsstadt schuldig sind, vielmehr in dem Wahne, einen Freibrief für Laster zu besitzen, Abwegen und Zügellosigkeit verfallen sind ... Andere sehen ihr höchstes Verdienst darin, ungewöhnlich hohe Staatskarossen zu besitzen und mit eitlem Kleiderprunk aufzufallen, sie schwitzen unter dem Gewichte mehrerer Überwürfe ... und lüpfen diese Gewänder mit beiden Händen unter ständigem Hin- und Herbewegen besonders der linken Hand, um die breiten Verbrämungen und die mit eingestickten bunten Tiergestalten aller Art verzierten Unterkleider sehen zu lassen. Andere nehmen eine ernste Miene an und erzählen, ohne daß sie einer dazu aufgefordert hätte, prahlend von der unermeßlichen Größe ihrer Besitzungen, verdoppeln und vergrößern den Jahresertrag ihrer – wie sie glauben – wohlkultivierten Felder, die sie im Übermaß von Sonnenaufgang bis zum Sonnenuntergang zu besitzen prahlend versichern (vgl. Q 14 u. 15), ohne sich offensichtlich darüber klar zu sein, daß ihre Vorfahren, denen sie diese Größe Roms verdanken, sich nicht durch Reichtum hervorgetan haben, sondern durch grimmigste Kriege ...

Dem entspricht es, daß die wenigen Häuser, die einstmals berühmt waren durch die Pflege ernster Beschäftigungen, jetzt im Überfluß erfüllt sind von Tändeleien träger Untätigkeit und von Gesang und durchdringendem Saitenklange widerhallen. Statt des Philosophen holt man sich den Sänger, statt des Rhetors den Lehrer possenhafter Künste; die Bibliotheken sind wie Grabkammern für immer geschlossen; dagegen läßt man Wasserorgeln anfertigen, Leiern, so groß wie Reisewagen, Flöten und Lasten von Gerät, wie es die Schauspieler des Mimus benötigen ... Was nun die Vielen [= Masse] angeht, die in schlechtesten Verhältnissen und in Armut leben, so verbringen einige davon ganze Nächte in den Weinschenken; andere suchen Unterschlupf im Schatten der Sonnensegel der Amphitheater ... oder streiten sich mit den Fäusten beim Würfelspiel, wobei sie mit widerlichem Geräusch den Atem in ihre schnaubenden Nasen zurückziehen; oder – und das ist ihre Hauptbeschäftigung – sie lassen sich von Sonnenaufgang bis -untergang von Sonne und Regen auslaugen und gehen – bis ins kleinste Detail – den Vorzügen oder Fehlern der Wagenlenker und Rennpferde nach. Und es ist schon recht merkwürdig, zu beobachten, wie eine ungezählte Volksmenge, mit leidenschaftlich erregten Sinnen, so ganz vom Ausgang der Wagenrennen abhängig ist. Dies und anderes der Art läßt in Rom nie etwas Bemerkenswertes oder Ernsthaftes geschehen.

Arbeitsauftrag:

1. Worin sieht der Verfasser die Gründe für den Aufstieg Roms, worin die Schattenseiten seiner Zeit?
2. Worauf läßt sich die vom Autor skizzierte Entwicklung zurückführen?

Q 32 Gründung des Neuen Rom (Konstantinopel)

Nachdem Rom schon um 280 kaum noch als Kaiserresidenz gedient hatte, entschloß sich Konstantin, als er in Licinius vor den Toren von Byzantion 324 seinen letzten Rivalen besiegt und damit die Alleinherrschaft errungen hatte, zur Gründung einer neuen Hauptstadt. Am 11.5.330 feierte der Kaiser die Einweihung der dann meist Konstantinopel oder Neues Rom genannten Stadt. Zosimus, ein hoher byzantinischer Beamter und Feind des Christentums, der um 500 Historien verfaßte, die bis 410 reichen und etwa ab 250 als Quelle wichtig sind (griech. mit französ. Übers. und Kommentar hrsg. von F. Paschoud, Bd. I 1971/Bd. II 1979), berichtet zunächst von den Schandtaten des vom alten Glauben abgefallenen Konstantin und bemerkt dann (II, 30 ff.):

Da er die von fast allen während seines Besuches in Rom [326] ausgestoßenen Schmähungen nicht mehr ertragen konnte, suchte er eine, ein Gegengewicht zu Rom bildende Stadt, in welcher er sich einen Palast zu errichten wünschte. Als er zwischen Troas und dem alten Ilion einen für die Erbauung einer Stadt geeigneten Platz gefunden hatte, ließ er die Fundamente legen ... Doch änderte er seinen Sinn, verließ er das Werk unvollendet und ging nach Byzantion[1]. Die Lage dieser Stadt bewundernd[2] entschied er, sie möglichst zu erweitern und zur Residenz des Kaisers passend zu gestalten. Die Stadt nämlich liegt auf einer Anhöhe. Sie umfaßt einen Teil der durch das sogenannte Horn [heute: goldenes Horn] und das Marmarameer gebildeten Landzunge ... Da er die Stadt noch stark vergrößern wollte, umgab er sie mit einer Mauer, die 15 Stadien von den alten Mauern entfernt war und die ganze Landzunge von Meer zu Meer einschloß[3]. Er errichtete einen Kaiserpalast, kaum kleiner als den in Rom ...

Anmerkung:

[1] Im christlichen Parallelbericht bei Sozomenos (schrieb um 450 eine von 324 bis 439 reichende Kirchengeschichte) II, 2, bewirkt die Sinnesänderung ein Wink Gottes.
[2] Nach Herodot IV, 83 tat dies bereits der persische General Megabazos um 513 v. Chr.
[3] Wiederum weit vor dieser Mauer lag die ab 410 unter Theodosius II. errichtete, die auch heute noch weitgehend erhalten ist.

Arbeitsauftrag:

1. Welche Gründe gibt Zosimus für die Gründung der neuen Hauptstadt an? Welche weiteren Gründe können dafür maßgebend gewesen sein?
2. Halten Sie die wichtigsten Daten aus der früheren Geschichte dieser Stadt schriftlich fest und verfolgen Sie die Bedeutung der Stadt in den folgenden Jahrhunderten.
3. Suchen Sie Parallelen in Antike und Gegenwart, wo Städte nach Herrschern umbenannt wurden oder Neugründungen die Namen der Herrscher erhielten.

Q 33 *Konstantinopel und Rom um 450*
Aus Kanon 28 des Konzils von Chalkedon

Da wir den Satzungen der heiligen Väter in allem folgen und den eben verlesenen Kanon der 150 gottgeliebtesten Bischöfe anerkennen, haben wir auch in betreff der Vorrechte der heiligsten Kirche von Konstantinopel-Neurom das gleiche beschlossen. Mit Recht haben die Väter dem Stuhl des alten Rom, weil es die Kaiserstadt ist, die Ehrenrechte überlassen, und aus dem gleichen Gesichtspunkt haben die 150 gottgeliebtesten Bischöfe die gleichen Ehrenrechte dem heiligsten Stuhl von Neurom zuerkannt, in der wohlbegründeten Ansicht, daß die Stadt, welche durch das Kaisertum und den Senat geehrt ist und die gleichen Ehrenrechte genießt wie die alte Kaiserstadt Rom, auch in kirchlicher Hinsicht wie jene erhöht werden muß, indem sie die zweite Stelle nach jener erhält.

Anmerkung:

[1] Das 4. ökumenische Konzil (s. a. Q 20) tagte auf Einladung des Kaisers Marcianus (450–457) vom 8.10. bis 1.11.451; Grundlagen der beschlossenen Glaubenserklärung (Symbolum Chalcedonense) waren die Symbole von Nicaea (Q 20) 325 und Konstantinopel 381. Kanon 28 – ob es sich um einen Kanon oder eher um ein kaiserliches Dekret handelt, ist umstritten – wurde in Rom nie anerkannt.

Arbeitsauftrag:

1. Welche konkreten Absichten konnten bei der kirchlichen Rivalität zwischen Westen und Osten mit der kirchlichen Aufwertung von Konstantinopel verfolgt werden?
2. Wie hat sich das Verhältnis von Staat und Kirche im Osten weiterentwickelt?
3. Ziehen Sie zum Vergleich über das Verhältnis von Staat und Kirche im Westen die Quellen 20, 22 und 26 heran.

VI Rom und die Germanen

Einblick in die Problematik einer Integration junger Völker in ein bestehendes Weltreich (s. vor allem Q 34, 35, 36 und 39).
Einsicht in den Prozeß von Reichsbildungen junger Völker auf römischem Boden.

Q 34 *Germanen im römischen Dienst*

Der bereits mehrfach zitierte Ammianus Marcellinus (s. Q 21 u. 31) gibt in XV, 5 folgende sehr aufschlußreiche Darstellung zum Jahre 355 (hier abgedruckt nach: Ammianus Marcellinus, übers. v. O. Veh, eingeleitet und erläutert von G. Wirth, Zürich 1974):

Infolge dauernder Vernachlässigung hatten die gallischen Provinzen, in denen die Barbaren nach Belieben frei umherschweifen konnten, schwere Mordtaten, Raubüberfälle und Brandstiftungen über sich ergehen lassen müssen, und niemand war ihnen zu Hilfe gekommen. Um diesen Mißständen abzuhelfen, wurde daher [im Jahre 353] auf kaiserlichen Befehl der General der Fußtruppen Silvanus als fähiger Mann dorthin entsandt.

In § 3–14 wird von Intrigen gegen Silvanus berichtet, anschließend fährt Ammianus fort:

Silvanus hielt sich währenddessen in Agrippina [Köln] (vgl. Q 39, A. 2) auf, wo ihn seine Freunde dauernd über Anschläge unterrichteten, welche Apodemius zu seinem Untergang versuchte. Da er das empfindliche Wesen des wankelmütigen Herrschers [Constantius II.] gut kannte und in steter Furcht lebte, er möchte in Abwesenheit und ungehört verurteilt werden, dachte er in seiner schweren Bedrängnis daran, sich den Barbaren in die Arme zu werfen. Doch dem widerriet der damalige Tribun Laniogaisus, der nach meiner früheren Angabe als einziges Mitglied der Leibgarde beim Tode des Constans[1] dabei war. Die Franken, von denen er selbst abstamme – so meinte er –, würden Silvanus entweder umbringen oder für Geld verraten. So sah dieser keinen sicheren Ausweg aus der augenblicklichen Lage und ließ sich zu äußersten Entschlüssen drängen. Immer kühner verhandelte er mit den höchsten Stabsoffizieren und gewann sie durch riesige Geldversprechen für die Sache, schließlich ließ er den Purpurschmuck von den Drachenfahnen und übrigen Feldzeichen einstweilen entfernen und schwang sich selbst zum Kaiser auf.

In § 17–31 geht es u. a. darum, wie Silvanus auf Befehl des Kaisers Constantinus beseitigt wurde, ein Unternehmen, an welchem Ammianus selbst als Stabsoffizier des Heermeisters Ursicinus beteiligt war. Dann heißt es:

So fand ein hochverdienter General den Tod, lediglich aus Furcht vor Intrigen; darin hatte ihn während seiner Abwesenheit die Partei seiner Feinde verstrickt, und so war er, nur um das Leben zu retten, bis zu den äußersten Schutzmaßnahmen gegangen. Denn obschon er vor der Schlacht von Mursa[2] mit seinen Schwerbewaffneten zum rechten Zeitpunkt seinen Parteiwechsel vollzogen und sich dadurch die besondere Gnade des Constantius erworben hatte, fürchtete er ihn doch als einen schwankenden und unbeständigen Charakter; dabei konnte er auch auf die Heldentaten seines Vaters Bonitus hinweisen, zwar eines Franken, aber eines Mannes, der sich im Bürgerkrieg oftmals auf seiten Konstantins tatkräftig gegen Licinius und seine Anhänger eingesetzt hatte.

Anmerkungen:
[1] Sohn Konstantins d. Gr., Augustus im Westen seit 337, getötet 350 auf der Flucht vor dem am 18.1.350 in Autun widerrechtlich zum Kaiser erhobenen Magnentius (Mutter: Fränkin).
[2] Esseg in Jugoslawien; hier siegte Constantius II. 351 über Magnentius.

Arbeitsauftrag:

1. Seit wann leisteten Germanen in zunehmendem Maße Dienste im römischen Heer? Welche Gründe bewogen Rom zur Einstellung der Barbaren in den Heeresdienst?
2. Seit wann gelangten Germanen in größerer Zahl auch in die hohen Offiziersstellen?
3. Wie erklären Sie sich, daß schließlich ganze germanische Stämme auf römischem Boden angesiedelt und zum Heeresdienst verpflichtet wurden?
4. Legen Sie dar, inwieweit dem römischen Reich eine Integration germanischer Stämme gelungen ist.

Q 35 *Ulfila (Wulfila), Bischof der Goten (ca. 310 bis 383)*

Möglichkeiten einer Integration der Germanen im römischen Reich werden sichtbar an den Schicksalen Ulfilas. Über ihn, der lateinisch, griechisch und gotisch gepredigt haben soll, der während seiner ganzen Amtszeit an Synoden römischer Bischöfe teilnahm, schrieb um 430 der Arianer Philostorgios (geb. um 368) in II, 5 seiner bis 425 reichenden, nur fragmentarisch erhaltenen Kirchengeschichte (hrsg. von J. Bidez/F. Winkelmann, Berlin 1972):

Man sagt, daß Ulfila zu dieser Zeit [im Jahre 348] aus dem Lande der Skythen (welche man früher Geten, jetzt aber Goten nennt)[1] jenseits der Donau eine große Schar wegen ihrer Frömmigkeit aus den einheimischen Wohnsitzen vertriebener Leute auf römisches Gebiet geführt hat ... Ulfila wurde ihr erster Bischof. Dies geschah so: Vom Herrscher des Volkes in der Zeit Konstantins mit anderen auf eine Gesandtschaft geschickt ... wurde er durch Eusebius und die Bischöfe mit ihm zum Bischof der Christen im Gotenland erwählt[2]. Er sorgte auch im Übrigen für sie und wurde Erfinder ihrer Schrift. Er übersetzte in ihre Sprache alle Schriften mit Ausnahme der Königsbücher[3]. Sie enthalten nämlich die Geschichte der Kriege, das Volk aber ist kriegsfreundlich und bedarf mehr eines Zügels gegen den Aufbruch zum Kampf und nicht etwas, was dazu aufreizt ... Der Kaiser ließ die Überläufer sich in Mösien niederlassen, wo sie jedem Freund waren[4].

Anmerkungen:

[1]) Die Gleichsetzung der unserer Kenntnis nach seit dem 2. Jhdt. n. Chr. aus dem Ostseeraum (Skandinavien?) nach Süden gewanderten Goten mit den Skythen (seit dem 7. Jhdt. v. Chr. in der Ukraine nachweisbar) und den Geten (thrakische Volksgruppe an der unteren Donau) war im 4. bis 6. Jhdt. Allgemeingut.

[2]) Anläßlich der Synode von Antiochia 341; dem hier formulierten, seit 380 als häretisch geltenden – arianischen – Bekenntnis (deutsch bei A. Läpple, Kirchengeschichte in Dokumenten, 1958; vgl. auch Q 20, Einleitung) blieb Ulfila stets treu.

[3]) Die Fragmente der Bibelübersetzung (aus dem Griechischen), Grundlage für unsere Kenntnis der gotischen Sprache, sind hrsg. von W. Streitberg: Die gotische Bibel. Der gotische Text und seine griechische Vorlage, ⁶1971.

[4]) Im Raum Nikopolis, wo diese stets friedliche, zahlenmäßig nicht fixierbare Gruppe nach der Gotengeschichte des Jordanes (551) noch im 6. Jhdt. lebte.

Arbeitsauftrag:

1. Was bedeutete die Bibelübersetzung des Ulfila für die Ausbreitung des Christentums unter den Germanen?

2. Welche germanischen Stämme übernahmen den christlichen Glauben in der arianischen Form? Welche Probleme ergaben sich daraus für das Verhältnis zwischen Römern und Germanen?

Q 36 *Beginn der „Völkerwanderung"*

Ammianus Marcellinus (s. Q 21, 31, 34) schreibt in 31,3 f.:

Die Hunnen[1] überrannten also das Gebiet der Alanen ... Sie erschlugen und beraubten viele und vereinigten sich mit den übrigen durch ein Beistandsbündnis. In Gemeinschaft mit ihnen überfielen sie in einem unerwarteten Ansturm kühn die weit ausgedehnten und reichen Gaue Ermanarichs [König der Ostgoten] ... Hart getroffen durch die Gewalt des unerwarteten Sturms, versuchte er dennoch lange Zeit, einen festen und sicheren Stand zu gewinnen, aber es verbreiteten sich Gerüchte, und diese ließen die Schrecklichkeit der drohenden Gefahren noch größer erscheinen. Darum suchte er die Furcht vor den großen Entscheidungen durch den Freitod zu beseitigen. Nach seinem Hinscheiden wurde Widimir zum König gewählt, und er leistete den Alanen kurze Zeit Widerstand ... Nach vielen Niederlagen jedoch, die er hinnehmen mußte, verlor er das Leben in einer Schlacht ... Der Herrscher der Thervingen,[2] Athanarich, erfuhr von diesen unerwarteten Vorgängen ... Er versuchte, in fester Stellung zu verharren und wollte sich auf seine eigene Macht stützen, falls auch er, wie die übrigen, zum Kampf herausgefordert würde ... Denn die Hunnen, die bekanntlich in ihren Mutmaßungen scharfsinnig sind, argwöhnten, ein Heer stehe in weiterer Entfernung, umgingen die Truppen, die sie zu Gesicht bekommen hatten und die sich ruhig verhielten, als ob ihnen kein Feind gegenüberstand ... Aus Furcht, eine Nachricht könnte ihnen vorauseilen und die fernab stehenden Truppen warnen, griffen sie wie der Blitz Athanarich an. Beim ersten Angriff war dieser überrascht und ließ sich nach einigen Verlusten unter seinen Leuten dazu zwingen, eilends in den unzugänglichen Bergen Zuflucht zu suchen ... Doch verbreitete sich das Gerücht bei den übrigen Gotenstämmen, daß dieses vorher noch nie gesehene Menschengeschlecht, das sich wie ein Sturmwind von hohen Bergen aus einem abgelegenen Winkel aufgemacht hatte, jeden Widerstand zerbricht und in Trümmer legt. Darum suchte der größte Teil des Volks, der Athanarich im Stich gelassen hatte und infolge des Mangels an Lebensmitteln bereits stark vermindert war, nach Wohnsitzen, die den Barbaren völlig unbekannt waren. Lange beriet man, welche Sitze man auswählen sollte, und dachte dann an Thrakien als Schlupfwinkel ... Als ob sie gemeinsam überlegt hätten, faßten auch die übrigen denselben Plan ... Unter Alavivs Führung besetzten sie daher die Donauufer, schickten Unterhändler zu Valens[3] und ersuchten mit demütiger Bitte um Aufnahme. Sie versprachen, ein friedfertiges Leben zu führen und Hilfstruppen zu stellen, wenn es die Umstände erforderten. Während dies in fernen Gegenden vor sich ging, verbreiteten schreckliche Gerüchte die Nachricht, die Völker des Nordens verursachten neue und ungewöhnlich große Bewegungen: Über das ganze Gebiet von den Markomannen und Quaden bis zum Schwarzen Meer sei eine Menge von unbekannten Barbarenvölkern mit unvorhergesehener Gewalt aus ihren Wohnsitzen verdrängt worden und ziehe im Donaugebiet in einzelnen Banden mit ihren Familien umher. Ganz zu Anfang wurde diese Nachricht von den Unsrigen kaum beachtet, und zwar aus dem Grund, weil man es in diesen Gebieten schon gewohnt ist, nichts anderes als Nachrichten über Kriege zu hören, die bei weit entfernten Völkern geführt oder beigelegt worden sind. Allmählich gingen jedoch zuverlässige Nachrichten über diese Vorgänge ein und wurden durch die Ankunft von Gesandten der Barbaren bestätigt. Sie baten unter Flehen und Beschwörungen darum, ihr landflüchtiges Volk diesseits des Stroms aufzunehmen. Diese Angelegenheit gab mehr zur Freude Veranlassung als zur Furcht. Hoben doch die erfahrenen Schmeichler das Glück des Kaisers hoch in den Himmel. Denn aus den entferntesten Ländern bringe es so viele Rekruten und biete sie ihm wider Erwarten an, daß er seine eigenen mit den fremdstämmigen Streitkräften vereinigen und sich ein unbesiegbares Heer schaffen könne. Anstelle des Mannschaftsersatzes, dessen Kosten jährlich nach Provinzen bezahlt würden, käme jetzt eine große Menge Goldes ein. In dieser Erwartung wurden mehrere Beamte ausgesandt, die die wilde Menge mit ihren Fahrzeugen herüberbringen sollten. Dabei verwandte man große Sorgfalt darauf, daß kein zukünftiger Zerstörer des Römischen Reichs zurückblieb, selbst wenn er von einer tödlichen Krankheit befallen war ... So wurde mit stürmischem Bemühen das Verderben der römischen Welt herbeigeführt.

Anmerkungen:

[1]) Reiternomaden aus Zentralasien, vielleicht schon seit dem 2. Jhdt. zwischen Wolga und Don; um 350 wahrscheinlich durch Zuzug verstärkt. Etwa von 410 an bildeten sie nördlich der unteren und mittleren Donau einen Staat, brachten zahlreiche germanische Stämme in ihre Abhängigkeit, erhielten Tributzahlungen der römischen Regierungen in Konstantinopel und Ravenna; Höhepunkt unter Attila (vgl. Q 40, 41).

[2]) Thervingen – Name der sog. Westgoten, nach Teilung der Goten um 250 (vgl. Q 38).

[3]) Die Aufnahme der Goten durch Valens erfolgte im Jahre 376.

Arbeitsauftrag:

1. Was berechtigt dazu, den Beginn der Völkerwanderung durch den Einbruch der Hunnen zu markieren?
2. Zeigen Sie auf der Karte die Gebiete auf, in die die Hunnen auf ihren Zügen vorstießen.
3. Nennen Sie andere große Wanderungsbewegungen der Geschichte und ziehen Sie zum Vergleich deren Zeiträume heran.
4. Zeigen Sie auf der Karte auf, welche germanischen Stämme durch die Hunnen in Bewegung gebracht wurden.
5. Welche Vorteile konnte sich Kaiser Valens von der Ansiedlung der Westgoten auf römischem Reichsboden erhoffen?
6. Wie lassen sich die ironischen und pessimistischen Äußerungen des Ammianus zu diesen Vorgängen erklären?

Arbeitsauftrag:

1. Suchen Sie die im Text genannten Städte auf der Karte auf. Lassen sich Stoßrichtungen der germanischen Völkerbewegung bestimmen?

Q 37 Zusammenbruch der römischen Herrschaft am Rhein und in Gallien

Gegen Ende des Jahres 406 überschritten zahlreiche germanische Stämme den Rhein. Zu den Folgen äußert sich Hieronymus[1] in Brief 123 von 409 (Übers. nach K. Christ, Die Römer in Deutschland, Nr. 75):

Zahllose Völkerschaften, und zwar solche von äußerster Wildheit, haben ganz Gallien in Besitz genommen, alles Land zwischen den Alpen und den Pyrenaeen, zwischen dem Ozean und dem Rhein haben Quaden, Vandalen, Sarmaten, Halanen, Gepiden, Heruler, Sachsen, Burgunder, Alamannen — ach du armer Staat — die pannonischen Feinde verwüstet. „Kommt doch Assur mit jenen!" — Mainz[2], die einst hochberühmte Stadt, ist erobert und zerstört und in der Kirche viele Tausende von Menschen niedergemetzelt, Vangiones [Worms] ist durch lange Belagerung vernichtet. Die mächtigste Stadt der Remer [Reims], Ambianen [Amiens], Atrebaten [Arras] und die äußersten unter den Menschen, die Moriner, Tornacus [Tournai], Speyer und Straßburg sind Teile Germaniens geworden. In Aquitanien ist alles verwüstet. Selbst Spanien, das schon seinem Untergang entgegeneilt, ist jeden Tag in Angst, in Erinnerung an den Einbruch der Cimbern[3] ...

Anmerkungen:

[1] Hieronymus (ca. 345 bis 420) aus Stridon in Dalmatien, studierte in Rom u. a. bei dem Grammatiker Donatus. Später 382–384), als Sekretär des Papstes Damasus, sammelte er einen Kreis von Laien mit asketischen Idealen — vor allem Damen der Aristokratie (vgl. Q 15) — um sich. Von 385 an, im Kloster in Bethlehem, entfaltete Hieronymus, der im Mittelalter als Patron der Gelehrtenschulen verehrt wurde, eine reiche literarische Tätigkeit. Verwiesen sei wenigstens auf die Übertragung der Bibel ins Lateinische (sog. Vulgata) und die Übersetzung der bis 378 ergänzten Chronik des Eusebius (s. Q 17). Ferner kommentierte er biblische Schriften, verfaßte u. a. — im Ton sehr scharfe — Streitschriften und kulturgeschichtlich interessante Briefe (Werke hrsg. im Corpus Christanorum; Übers., in Auswahl in BKV).

[2] Moguntiacum (vom einheimischen Gott Mogon?), wo sich seit ca. 15 v. Chr. ein Legionslager befand, war seit etwa 85 Hauptstadt der Provinz Obergermanien (Germania superior).

[3] 104/103; nach ihrem Sieg über die Römer 105 v. Chr. bei Orange wurden sie 101 gemeinsam mit den Teutonen von Marius besiegt.

Q 38 Der Westgotenkönig Athaulf und das Imperium Romanum

Orosius, geboren um 380, Geistlicher (Presbyter), floh um 412 vor den Barbaren aus seiner Heimat Spanien nach Afrika. Im Auftrag Augustins und zur Ergänzung von dessen Werk de civitate dei (vgl. Q 28) schrieb er sieben Bücher gegen die Heiden (Historiarum libri VII adversus paganos, hrsg. mit Komm. und ital. Übersetzung von A. Lippold, 1976). Die erste — mit der Schöpfung der Welt beginnende und bis 416 n. Chr. ausgeführte — christliche Universalgeschichte, die die mittelalterliche Geschichtsschreibung stark beeinflußte, handelt fast nur von Krieg und Unheil. Orosius soll damit heidnischen Kritikern beweisen, daß das Elend der Gegenwart relativ erträglich und jedenfalls nicht von den Christen verschuldet sei. Vom Fortbestand des Imperium Romanum Christianum überzeugt — es ist für ihn der bestmögliche irdische Staat —, deutet er in VII, 43, 2 ff. (Übers. bei P. Classen, Rom und Byzanz, 1968, Nr. 21) eine Lösungsmöglichkeit für das Barbarenproblem an:

Die gotischen Völker führte damals der König Athaulf. Er hatte, wie ich schon sagte, nach dem Einbruch in die Stadt und dem Tode Alarichs Placidia, die gefangene Schwester des Kaisers[1], geehelicht und war dem Alarich im Königtum nachgefolgt ... Dieser an Geist, Kräften und Begabung überragende Mann pflegte zu erzählen: Er habe brennend danach gestrebt, den römischen Namen auszulöschen und das ganze Römische Reich zu einem einzigen Reich der Goten zu machen, auf daß, volkstümlich gesagt, Gotia sei und heiße, was Romania gewesen, und Athaulf werde, was einst Kaiser Augustus war; aber nachdem er durch mancherlei Erfahrung zu der Erkenntnis gekommen sei, daß einerseits die Goten wegen ihrer zügellosen Wildheit [barbaries] in keiner Weise Gesetzen gehorchen könnten, man andererseits aber dem Staat die Gesetze, ohne die ein Staat kein Staat ist, nicht nehmen dürfe, da habe er sich anders entschlossen; nun wolle er danach trachten, sich durch völlige Wiederherstellung und die Erhöhung des römischen Namens mittels der Macht der Goten Ruhm zu erwerben; er wolle bei den Nachkommen als Begründer der römischen Erneuerung gelten, da er nicht ihr Veränderer sein könne. Darum bemühte er sich, Kriege zu vermeiden und eine friedliche Ordnung zu schaffen[2]; zu allen guten Taten lenkte ihn in erster Linie der Rat und die Rede seiner Gattin Placidia, einer Frau von hervorragendem Geist und rechtschaffener Frömmigkeit. Als er aber gerade besonders eifrig um Friedensverhandlungen bemüht war, wurde er bei Barcelona in Spanien, wie es heißt, durch die Tücke der Seinen, erschlagen [im Jahre 415].

Anmerkungen:

[1] Aelia Galla Placidia, Tochter des Kaisers Theodosius, geb. 390, gefangen 410, verheiratet mit Athaulf 414. Im Jahre 417 heiratete sie den General Constantius, der 421 zum Kaiser erhoben wurde und noch im selben Jahr starb; von 425 an führte die, auch um den Kirchenbau (speziell in Ravenna und Rom) verdiente Placidia (gest. 450) die Regierung für ihren Sohn Valentinian III. (geb. 419).

[2] Nur kurz nach dieser von Orosius für authentisch gehaltenen Äußerung erhielten die Westgoten von Kaiser Honorius Land in der Aquitania II (Südfrankreich) zugewiesen und bildeten einen eigenen Staat (seit 439; vgl. S. 8).

Arbeitsauftrag:

1. Stellen Sie die wichtigsten Daten über den Prozeß der Bildung des Westgotenreiches auf römischem Boden zusammen.

2. Welche Probleme dieses Reichsbildungsprozesses hebt Orosius an der Person des Athaulf hervor? Aus welcher Sicht gibt er sein Urteil ab?

3. a) Versuchen Sie, Bilder von der Bautätigkeit der Galla Placidia in Ravenna zu erhalten.

   b) Versuchen Sie, – z. B. aus einem Reiseführer – den Lebenslauf der Galla Placidia zu skizzieren. Inwiefern lassen sich in der Person der Galla Placidia wesentliche Erscheinungsformen und Probleme jener Zeit fassen?

Q 39 *Verfall römischer Herrschaft in Gallien*

Einblick in das Elend und die Stimmung in Gallien vermittelt das um 440 erschienene Werk über Gottes Regierung (de gubernatione dei; deutsch v. A. Mayer in BKV) des um 400 vermutlich in Trier geborenen und um 470 als Priester in Marseille verstorbenen Salvianus. Gewichtiges Argument seiner Rechtfertigung von Gottes Weltregiment ist die Gegenüberstellung des Sittenverfalls der Römer und sittlicher Reinheit der neuen Herren in Gallien, Spanien und Afrika. Viele Fehler dieser Barbaren sind nach Salvianus zu entschuldigen, da sie das göttliche Gesetz entweder nicht kennen (als Heiden) oder doch nur in verderbter Gestalt (als Irrgläubige). Auf – auch bei anderen Autoren erwähnte – Mißstände römischer Herrschaft verweist Salvian z. B. in V, 8:

Bei jeder Bedrängnis sind die Armen die ersten, bei jeder Erleichterung die letzten. Wenn einmal, wie es kürzlich geschah, die höchsten Reichsbehörden meinen, man müsse den verfallenen Städten helfen und ihre Steuern und Leistungen etwas verringern, dann teilen die Reichen sofort diese allen gewährte Hilfe unter sich allein auf. Wer denkt dann an die Armen? Wer ruft die Niedrigen und Bedürftigen zur Teilnahme an der Wohltat? Zu den Steuerpflichtigen rechnet man die Armen überhaupt nur, wenn ihnen ein Berg von Steuern aufgebürdet wird; wenn aber Ermäßigungen verteilt werden, zählen sie nicht zu den Steuerzahlern. Meinen wir denn, wir hätten nicht die Strenge göttlicher Strafe verdient, während wir doch selbst die Armen immer so strafen? Oder glauben wir, wenn wir ständig ungerecht sind, dürfe auch Gott nicht gegen uns gerecht sein? Wo, bei welchen Völkern außer allein bei den Römern gibt es denn diese Bosheit? Die Franken kennen dieses Verbrechen nicht, die Hunnen sind frei von solchen Verbrechen, nichts dergleichen gibt es bei den Vandalen, nichts dergleichen bei den Goten! Weit entfernt, daß die Barbaren bei den Goten solches erdulden müßten, nicht einmal die Römer, die unter ihrer Herrschaft leben, müssen solches leiden. Deshalb gibt es doch nur einen einzigen Wunsch aller Römer: nie wieder unter römische Herrschaft zu kommen!

Zum moralischen Niedergang lesen wir in VI, 72 ff.:

Ich sah Trierer[1], von Haus aus adelig, von hohem Rang, die obgleich ausgeplündert und beraubt, dennoch an ihrem Vermögen weniger Schaden litten als an ihren Sitten. Waren sie auch noch so sehr beraubt und entblößt, etwas Vermögen war ihnen noch immer übrig geblieben, nichts dagegen von Zucht. – Traurig ist es zu berichten, was wir gesehen: ehrbare altersschwache Greise, Christen gaben sich, während die Vernichtung der Stadt bereits unmittelbar bevorstand, der Schlemmerei und Ausschweifung hin. Schließlich wurde die reichste Stadt der Gallier viermal [zwischen 411 und 440] erobert. – Zur Besserung hätte wohl die erste Einnahme hinreichen dürfen, damit die Wiederholung der Sünde keine Wiederholung der Zerstörung zur Folge hätte.

Wie steht es in einer andern, nicht weit entfernten Stadt[2], die an Pracht fast mit ihr wetteifert? Alles stürzte dort durch zwei vorherrschende und allgemein verbreitete Laster zusammen, durch Hab- und Trunksucht, und so kam es zuletzt durch die rasende Begierde nach Wein soweit, daß die Häupter der Stadt nicht einmal dann von den Gelagen aufstanden, als der Feind bereits in die Stadt eindrang.

Anmerkungen:

[1]) Trier, seit etwa 40 n. Chr. römische Stadt (Zusammenlegung mehrerer Orte), wohl erst gegen 140 Colonia Augusta Treverorum, Verwaltungsmittelpunkt der Gallia Belgica; um 275 Zerstörung durch die Germanen (?), seit etwa 290 als Kaiserresidenz (zuletzt des Usurpators Maximus 384–387) und Sitz der Praetorianerpräfektur des Westens (um 400 verlegt nach Arles) glanzvoll ausgebaut: bedeutendste römische Ruinen nördlich der Alpen; bald nach 470 Sitz eines fränkischen Grafen.

[2]) Gemeint ist Köln, Hauptort der germanischen Ubier, seit 50 n. Chr. Colonia bzw. Colonia Agrippinensium (benannt nach der hier um 15 n. Chr. geborenen Kaiserin Agrippina), seit etwa 85 Hauptstadt der Provinz Niedergermanien (Germania Inferior); um 300 Anlage des Brückenkopfes Divitiacum (Köln-Deutz). Seit 456 fränkisch; Grabungen z. B. bei bzw. unter den auf das 4. Jhdt. zurückgehenden Kirchen St. Severin und St. Gereon bieten ähnlich wie in Trier (Dom) oder Augsburg (St. Ulrich und Afra) Aufschluß zu Fragen der Kontinuität.

Arbeitsauftrag:

1. Worauf führt der Autor in seiner Schilderung den Verfall des römischen Reiches zurück? Aus welcher Sicht interpretiert er die Erscheinungen?

2. Welche anderen Gründe können für den Zerfall des Reiches und die Haltung der Bevölkerung mitbestimmend gewesen sein?

3. Wie werden die Germanen aus der Sicht des Autors beurteilt? Nehmen Sie dazu Stellung.

4. Was sagt der Text zu Möglichkeiten der Kontinuität in den von Barbaren eroberten Gebieten des Imperium Romanum (ziehen Sie dazu auch Q 42–44 heran)?

5. Suchen Sie auch mit Hilfe des Textes und der Anmerkung 1 dem Problem der Kontinuität (insbesondere der Siedlung) in Städten wie Trier und Köln nachzugehen.

Q 40 *Römer und Hunnen zur Zeit Attilas (434–453)*

Attila (= Etzel des Nibelungenliedes) seit 434 Herrscher der Hunnen (vgl. Q 36; 41), erzwang neben anderen Konzessionen – man billigte ihm z. B. die Würde eines magister militum zu – von den Römern immer wieder hohe Tributzahlungen. Durch Vorstöße bis zu den Thermopylen und nahe an Konstantinopel heran, verlieh er seinen Forderungen 447 erneut Nachdruck. Darum erging 449 eine Gesandtschaft an Attila, an der der Historiker Priscus[1] teilnahm. Ihm verdanken wir zu den geführten Verhandlungen, aber vor allem auch zum Aufenthalt an Attilas Hof einen hochinteressanten Bericht. Aufschlußreich u. a.

zum Problem der Kontinuität und zur Unzufriedenheit mit römischer Herrschaft sind folgende Passagen (Fragment 8; übers. v. E. Doblhofer, Byzantinische Geschichtsschreiber, Bd. 4 1955; dazu z. B. F. Altheim, Geschichte der Hunnen, Bd. IV, 1962, S. 294 ff.):

Während ich nun zum Zeitvertreib vor der Umfriedung des Hauses des Onegesios spazieren ging, kam ein Mann heraus, den ich nach seiner Skythentracht für einen Barbaren hielt, und begrüßte mich auf griechisch mit „Chaire!" Ich staunte, wieso er, ein Skythe, griechisch spreche; sprechen doch die Skythen, ein buntes Völkergemisch, neben ihrem heimischen Dialekt entweder hunnisch oder gotisch oder auch lateinisch, weil sie häufig mit den Römern in Berührung kommen; aber kaum einer von ihnen spricht griechisch, wenn es nicht Gefangene aus Thrakien oder von der illyrischen Küste sind ...
Mein Freund aber sah aus wie ein geschniegelter Skythe, war gut und sorgfältig gekleidet und hatte den Kopf rundherum geschoren. Ich erwiderte also seinen Gruß und fragte ihn, wer er sei, wieso er in diesem Land und zu dem Entschluß gekommen sei, als Skythe zu leben ...
Er meinte, er sei ein gebürtiger Grieche, ein früherer Kaufmann aus der mysischen Stadt Viminacium an der Donau [östlich von Belgrad], habe dort lange gelebt und eine reiche Frau geheiratet; er habe aber seinen Wohlstand bei der Eroberung der Stadt verloren und sei als wohlhabender Mann bei der Verteilung der Beute mit all seiner Habe dem Onegesios zugesprochen worden ...
Später habe er sich im Kampf gegen Rhomäer und Akatziren ausgezeichnet, alle seine Kriegsbeute nach Skythenbrauch seinem Herrn abgetreten und dafür die Freiheit wiedererlangt. Auch eine Barbarenfrau habe er geheiratet, die ihm Kinder geboren habe. Am Tisch des Onegesios sei er ein ständiger Gast, und dieses Leben behage ihm weit mehr als sein früheres. Bei den Skythen, meinte er, genießt ein jeder die Früchte seiner Tapferkeit und kein Mensch stört ihn dabei. Bei den Rhomäern aber kommt man leicht im Kriege um. Die müssen ja ihre Hoffnung stets auf andere setzen, weil sie aus Furcht vor ihren eigenen Tyrannen nicht selbst zu den Waffen zu greifen wagen. Und selbst wenn sie sich verteidigen, schweben sie dabei durch die Feigheit ihrer kriegsuntauglichen Führer in größter Gefahr. Im Frieden aber liegen die Dinge noch ärger, und zwar wegen der drückenden Steuern und der Ränke gewissenloser Schufte, für die die Gesetze nicht gelten. Verstößt ein Reicher und Mächtiger gegen das Gesetz, so braucht er keine Strafe zu zahlen; ein Armer hingegen, der sich nicht zu helfen weiß, muß mit der gesetzlich festgelegten Strafe rechnen, wenn er nicht schon vor der Urteilsverkündung, durch einen langwierigen Prozeß aufgerieben, aus dem Leben scheidet. Der ärgste Mißstand ist wohl, daß man Recht und Gerechtigkeit mit Geld erkaufen muß. Keinem Geschädigten wird der Schutz der Gesetze zuteil, wenn er nicht vorher Richter und Gerichtsbeamte besticht. Dies und noch vieles andere brachte er vor; ich aber bat ihn, nun auch mich freundlich und geduldig anzuhören. Ich entgegnete ihm, die Gründer des rhomäischen Reiches, weise und vortreffliche Männer, hätten, um aller Unordnung vorzubeugen, die einen zu Hütern des Gesetzes gemacht, anderen wieder das Waffenhandwerk übertragen, damit sie, nur das eine Ziel der Ertüchtigung zum Kampfe vor Augen, ihre Soldatenpflicht erfüllten und durch die ständige Übung im Kriegsdienst vollkommen furchtlos und festen Mutes in die Schlacht zögen, als ginge es zum Exerzierplatz. „Wieder anderen", fuhr ich fort, „übertrugen sie die Sorge um Ackerbau und Landwirtschaft; die sollten durch ihre Getreideablieferungen jene ernähren, die für sie kämpften. Sie setzen auch Beamte ein, die sich um die Geschädigten kümmern, das Recht der Schwachen wahren und durch die Rechtsprechung die Achtung vor dem Gesetz durchsetzen sollten. Die Richter sollten denen, die sich an sie wendeten, ihre Hilfe nicht versagen und stets für die eintreten, denen bei der Urteilsverkündung Recht zugesprochen wird; dem Verurteilten hingegen sollte nicht mehr als der Betrag für den Gerichtsentscheid abverlangt werden dürfen ..."

Priscus hat dann nach seinem Bericht römische Herrschaft und Regierung noch weiterhin in idealisierender Form gerechtfertigt, bis der Partner

... unter Tränen entgegnet, die Gesetze der Rhomäer seien wohl gut und das Staatswesen vortrefflich, allein die Machthaber seien nicht mehr so redlich und klug wie ihre Ahnen und richteten dadurch große Schäden an.

Anmerkung:

[1]) Priscus, Grieche aus Thrakien, schrieb eine mindestens die Jahre 433–471 umfassende Geschichte seiner Zeit.

Arbeitsauftrag:

1. Überprüfen Sie den Text auf Aussagen zu Problemen der Kontinuität bzw. des Zusammenlebens römischer Bürger mit barbarischen Invasoren.

2. Vergleichen Sie die hier gebrachte Kritik an Rom mit der bei Salvianus in Q 39.

3. Womit knüpft das bei Priscus entworfene Idealbild des römischen Staates an alte Traditionen an (vgl. Q 1, 29, 38)?

Q 41 *Attila in Gallien (451)*

Attila (vgl. Q 40) fiel 451 in Gallien ein. Nach unentschiedenem Kampf (anders der anschl. Text) gegen den römischen Heermeister Aetius und die Westgoten bei Troyes zog er sich nach Osten zurück. Sein Reich (vgl. Q 36) zerfiel bald nach seinem Tode (453). Gregor, Bischof von Tours, (geb. ca. 450, gest. 594) berichtet darüber in Kap. II, 7 seiner vom Wunderglauben jener Zeit und manchen Vorurteilen (bes. gegenüber Heiden und Arianern) geprägten Geschichte der Franken (Historia Francorum, lat. u. deutsch v. R. Buchner [4]1970):

Der Hunnenkönig Attila zog von der Stadt Metz ab und verheerte noch viele andere Städte Galliens; er kam auch gegen Orleans und berannte es schwer mit Sturmböcken, um es zu erobern. Es war aber dazumal Bischof in dieser Stadt der heilige Anianus, ein Mann von ausnehmender Klugheit und ruhmwürdiger Heiligkeit, von dessen Wundertaten bei uns ein Bericht getreulich bewahrt wird. Und als das Volk in der Not der Belagerung zu ihm als seinem Bischof rief, was es beginnen solle, da setzte er sein Vertrauen auf Gott und mahnte sie alle, niederzusinken zum Gebet und unter Tränen die Hilfe des Herrn anzurufen, die bereit ist in allen Nöten [Nach Gregor wird dann die Mahnung des Bischofs befolgt] ... Indessen aber bebten schon die Mauern der Stadt von den Sturmböcken und drohten einzustürzen, siehe, da erschienen Aetius und Theoderich der Gotenkönig [418–451] und Thorismod, sein Sohn, mit ihren Heeren vor der Stadt, warfen den Feind zurück und trieben ihn fort. Und als so die Stadt durch die Verwendung des heiligen Bischofs befreit war, schlugen jene Attila in die Flucht[1]. Der zog in die mauriacische Ebene [nach anderen Quellen: Katalaunische Felder] und rüstete sich hier zum Kampfe. Als sie aber dies vernahmen, waffneten sie sich mit aller Macht gegen ihn ... Aetius aber kämpfte mit den Goten und Franken vereint gegen Attila. Und als dieser sah, daß sein ganzes Heer aufgerieben wurde, wandte er sich zur Flucht. In dieser Schlacht fiel auch Theodor, der Gotenkönig. Es kann niemand daran zweifeln, daß nur durch die Verwendung des vorhin genannten Bischofs das Hunnenheer in die Flucht geschlagen wurde. Der Patricius Aetius und Thorismod gewannen so den Sieg und vernichteten die Feinde. Und als der Kampf beendet war, sprach Aetius zu Thorismod: „Eile dich und kehre schnell zurück in dein Land, damit du nicht durch deinen Bruder um deines Vaters Reich betrogen werdest." Da jener dies hörte, ging er schnell von dannen, seinem Bruder zuvorzukommen und vor ihm den Sitz des Vaters einzunehmen. Durch eine ähnliche List entfernte Aetius auch den Frankenkönig. Und als jene von dannen gezogen waren, nahm Aetius alles auf dem Schlachtfelde an sich und der kehrte als Sieger mit großer Beute in die Heimat zurück. Attila aber kam nur mit wenigen heim; bald darauf wurde Aquileia von den Hunnen genommen, in Brand gesteckt und geplündert, auch Italien von ihnen durchstreift und verwüstet ...

Anmerkung:

[1]) Unser Text ist auch ein Zeugnis dafür, wie in den Nöten des 4. und 5. Jhdts. die Bischöfe zu einer Art Herren ihrer Städte wurden bzw. mehr als nur geistliche Funktionen hatten (vgl. Q 35 u. 46).

Arbeitsauftrag:

1. Wie läßt sich erklären, daß Legenden und Wunder in der Geschichtsschreibung jener Zeit einen breiten Raum einnehmen? Wie wurden diese Berichte überliefert? Kennen wir Quellen von der Gegenseite (Hunnen)?

2. Wie weit stießen die Hunnen nach Westen vor? Wo fand die entscheidende Abwehrschlacht statt? Wo lag das Zentrum ihrer Reichsbildung?

Q 42 *Bekehrung des Frankenkönigs Chlodovech (Chlodwig) zum Christentum*

Chlodovech, geb. 466/67, Merowinger, seit 482 Gaukönig der Saalfranken bei Tournai, eroberte nach seinem Sieg über die Westgoten 506 weite Teile Galliens und schuf so das Großreich der Franken, dessen Hauptstadt etwa ab 510 Paris war. Gregor von Tours (vgl. Q 41) schildert die vergeblichen Versuche von Chrotchildes, der Tochter des Burgunderkönigs Chilperich II., ihren noch heidnischen Gemahl zum katholischen Glauben zu bekehren. Gregor fährt dann II, 30 fort:

Aber auf keine Weise konnte er zum Glauben bekehrt werden, bis er endlich einst mit den Alamannen [496 oder 497] in einen Krieg geriet: da zwang ihn die Not, zu bekennen, was sein Herz vordem verleugnet hatte. Als die beiden Heere zusammenstießen, kam es zu einem gewaltigen Blutbad, und Chlodovechs Heer war nahe daran, völlig vernichtet zu werden. Als er das sah, erhob er seine Augen zum Himmel, sein Herz wurde gerührt, seine Augen füllten sich mit Tränen und er sprach: „Jesus Christ, Chrodichilde verkündet, du seiest der Sohn des lebendigen Gottes; Hilfe, sagt man, gebest du den Bedrängten, Sieg denen, die auf dich hoffen – ich flehe dich demütig an um deinen mächtigen Beistand: gewährst du mir jetzt den Sieg über diese meine Feinde und erfahre ich so jene Macht, die das Volk, das deinem Namen sich weiht, an dir erprobt zu haben rühmt, so will ich an dich glauben und mich taufen lassen auf deinen Namen ..." Da tat er dem Kampfe Einhalt, ermahnte das Volk und kehrte in Frieden heim; der Königin aber erzählte er, wie er Christi Namen angerufen und so den Sieg gewonnen habe ... Darauf ließ die Königin heimlich den Bischof von Reims, den heiligen Remigius rufen und bat ihn, er möchte das Wort des Heils dem Könige zu Herzen führen. Der Bischof aber beschied ihn im Geheimen zu sich und fing an, ihm anzuliegen, er solle an den wahren Gott, den Schöpfer Himmels und der Erde glauben und den Götzen den Rücken wenden, die weder ihm noch andern helfen können. Jener aber sprach: „Gern würde ich, heiligster Vater, auf dich hören, aber eins macht mir noch Bedenken, das Volk, das mir anhängt, duldet nicht, daß ich seine Götter verlasse; doch ich gehe und spreche mit ihnen nach deinem Wort." Als er darauf mit den Seinigen zusammentrat, rief alles Volk zur selben Zeit, noch ehe er den Mund auftat, denn die göttliche Macht kam ihm zuvor: „Wir tun die sterblichen Götter ab, gnädiger König, und sind bereit, dem unsterblichen Gott zu folgen, den Remigius verkündet." Solches wurde dem Bischof gemeldet, und er befahl hocherfreut, das Taufbad vorzubereiten ... Zuerst verlangte der König vom Bischof getauft zu werden. Er ging, ein neuer Konstantin, zum Taufbade hin. Als er aber zur Taufe hintrat, redete ihn der Heilige Gottes mit beredtem Munde also an: „Beuge still deinen Nacken, Sicamber[1], verehre, was du verfolgtest, verfolge, was du verehrtest."

Anmerkung:

[1]) Gemeint wohl: Sugambrer, seit 8 v. Chr. nicht mehr genannte Feinde der Römer an der Sieg, vielleicht in den Franken aufgegangen.

Arbeitsauftrag:

1. Chlodovech wird im Text ein neuer Konstantin genannt: Worauf spielt diese Benennung an?

2. Wie weit lassen sich – nach Ihrer Meinung – echte Parallelen zwischen den beiden Herrschern ziehen?

3. Worin lag die weitreichende Bedeutung der Bekehrung Chlodovechs speziell auch für die Frage der Kontinuität des religiösen Lebens im ehemals römischen Gallien?

4. Was besagt die Beteiligung des Bischofs von Reims (eines Römers) an der Bekehrung und Taufe für die Frage des Zusammenlebens zwischen Römern und Franken?

Q 43 *Landnahme der Vandalen*

Procopius aus Caesarea, geb. um 500, war Jurist und von 530 bis 540 Berater des Feldherrn Belisar auf den Feldzügen gegen Perser, Vandalen und Ostgoten. Bis zum Jahr 553 verfolgen acht seiner Bücher diese Kriege (Buch 1/2 Perser; 3/4 Vandalen; 5–8 Ostgoten), ferner schrieb Prokop vier Bücher über die Baudenkmäler Justinians – zum Lobe dieses Kaisers. Erst posthum erschienen die Anekdota, die sog. Geheimgeschichte, mit scharfer Polemik gegen Belisars Frau Antonina, gegen Justinian und seine Gemahlin Theodora. Zur vandalischen Landnahme unter Geiserich (König 428–477) führt Prokop in 3, 5, 11 (Werke; hrsg. v. J. Haury / G. Wirth, 1962/64; übers. v. O. Veh, 1961 ff.; hier zitiert nach Arend, 797) folgendes aus:

Wo sich in Afrika ein ansehnliches und reiches Besitztum fand, das konfiszierte er [Geiserich] mitsamt dem Grund und Boden und allem Inventar und gab es seinen Söhnen Hunerich und Genzo ... Den anderen Libyern aber nahm er die Grundstücke, die die größten und besten waren, einfach weg und verteilte sie unter das Volk der Vandalen[1]. Daher werden diese Grundstücke ‚Vandalenlose' bis auf den heutigen Tag genannt. Diejenigen aber, die seit alters diese Grundstücke besessen hatten, verfielen in ärgste Armut; nur die freie Bewegung war ihnen gelassen. Es war ihnen nämlich freigestellt auszuwandern, wohin sie wollten! Und alle Grundstücke, die Geiserich seinen Söhnen und den anderen Vandalen gegeben hatte, blieben auf seinen Befehl vollkommen steuer- und abgabenfrei. Das Land aber, das nicht gut zu sein schien, ließ er seinen früheren Besitzern, legte diesen jedoch eine solch hohe Abgabe davon auf, daß ihnen, die so ihr eigenes Land in Besitz hatten, auch nicht das Geringste übrigblieb. Viele von ihnen flüchteten und wurden getötet.

Anmerkung:

[1]) Die Invasion der mit anderen Barbaren (bes. iranischen Alanen) vermischten Vandalen (seit 409 in Spanien) erfolgte im Jahr 429 über die Straße von Gibraltar. Wie die Goten aus dem Ostseeraum kommend, hatten sich die Vandalen längere Zeit in Schlesien (Name von den Silingi, einem Teilstamm der V.) aufgehalten, dann bis gegen 400 östlich der Theiß.

Arbeitsauftrag:

1. Worauf führen Sie zurück, daß die Besitznahme weiter Landgebiete für die Germanen von besonderer Bedeutung war?

2. Von wem wurden diese Landgüter der germanischen Herrenschicht bewirtschaftet?

3. Welche Probleme einer germanischen Reichsbildung auf römischem Boden treten an diesem Text besonders klar zutage? Nehmen Sie dazu Stellung.

Q 44 *Die Gotenherrschaft in Italien und das Ende des Kaisertums im Westen*

Nachdem Amalasuntha, die romfreundliche Tochter Theoderichs d. Gr. im Jahre 535 vermutlich mit Einverständnis ihres Vetters und Mitregenten Theodahad (König der Ostgoten, 534–536) ermordet worden war, sah Justinian I. einen Vorwand, den Krieg gegen die Goten zu eröffnen. Anläßlich von Verhandlungen Ende 537 läßt Prokop (in 6,6,14 f.; s. a. Q 43) ostgotische Gesandte gegenüber dem römischen Feldherrn Belisar die Machtübernahme Theoderichs in Italien schildern und zugleich seine Regierung – insgesamt wohl zutreffend – charakterisieren (Übers. O. Veh):

„Ihr Römer habt uns unrecht getan, weil ihr ohne Anlaß gegen Freunde und Bundesgenossen zu Felde gezogen seid. Was wir jetzt zu sagen haben, ist wohl jedem von euch bekannt: Die Goten haben das Land Italien nicht mit Gewalt den Römern geraubt und in Besitz genommen, vielmehr hatte Odoaker einst den Kaiser gestürzt und hielt den Staat gewaltsam in seiner Macht[1]. Zenon, der damals [474–491] im Osten herrschte, wollte nun seinen Mitherrscher an dem Tyrannen rächen und dieses Land befreien; da er aber nicht imstande war, die Macht Odoakers zu stürzen, überredete er [487/88] unseren Fürsten Theoderich, obwohl dieser eben ihn selbst und Byzanz belagern wollte, er solle doch die Feindschaft gegen den Kaiser begraben und eingedenk der Würden, die er besaß – er war Patricius und römischer Konsul [488, durch Zenon ernannt] –, Odoaker für sein Verbrechen an Augustulus bestrafen und danach selber mit seinen Goten nach Ordnung und Recht das Land beherrschen. So haben wir die Herrschaft in Italien übernommen und Gesetze und Verfassung so getreulich bewahrt wie nur je ein Kaiser. Weder von Theoderich noch von seinem Nachfolger in der Gotenherrschaft existiert auch nur ein einziges geschriebenes oder ungeschriebenes Gesetz[2]. Gottesdienst und Glauben der Römer haben wir so gewissenhaft geschützt, daß bis auf den heutigen Tag kein Italiker freiwillig oder unfreiwillig seinen Glauben gewechselt hat, und Goten, die übertraten, blieben deshalb unbehelligt. Auch die heiligen Stätten der Römer haben wir in höchsten Ehren gehalten; niemals wurde einem, der dorthin Asyl gesucht hat, irgendwie Gewalt angetan. Auch sämtliche Staatsämter sind stets von Römern bekleidet worden, und nie hat ein Gote eines erhalten. Wer etwa meint, wir hätten nicht die Wahrheit gesagt, soll vortreten und das Gegenteil beweisen! Man könnte noch erwähnen, daß die Goten den Römern erlaubten, Jahr für Jahr ihre Konsuln durch den Kaiser des Ostens bestellen zu lassen." Darauf erwiderte Belisar: „Ihr hattet doch versprochen, kurz und maßvoll zu sprechen; eure Rede aber war lang und grenzte an Prahlerei. Theoderich wurde nämlich von Kaiser Zenon abgesandt, um Odoaker zu bekämpfen, aber keineswegs, damit er selbst Italien regiere."

Anmerkungen:

[1]) Odoaker (Odovacar), Skire, 476 von barbarischen Söldnern zum König von Italien erhoben, setzte den dann ohne Nachfolger gebliebenen Romulus Augustulus ab.

[2]) Nicht als eigenes Gesetz, sondern nur als Einschärfung bestehenden Rechtes sah Theoderich auch das sog. Edictum Theoderici, eine umfangreiche Sammlung von Rechtsvorschriften (Inhalt bei Ensslin, a. a. O., S. 228 ff.) an.

Arbeitsauftrag:

1. Überlegen Sie, mit welchem Recht man 476 als Epochenjahr bezeichnen kann.

2. Wie wird im Text die Ostgotenherrschaft in Italien charakterisiert?

3. Was erfahren wir zum Zusammenleben von Goten und Römern?

Q 45 *Religiöse Toleranz als Prinzip der Überzeugung und Anpassung*

In seiner Biographie „Theoderich der Große" – ²1959 – schreibt W. Enßlin (s. a. Q 27) über die Sicherung der Herrschaft (4. Teil, Kapitel über Staat und Kirche; S. 93 ff.) zur Religionspolitik des Ostgotenkönigs:

Theoderich und mit ihm die überwiegende Mehrzahl seiner Gefolgen waren Arianer. Das bedeutete von vornherein eine Belastung und konnte zu Zeiten auch außenpolitisch ins Gewicht fallen. Immerhin hatte sich die römische Welt, trotz aller Ketzerfeindlichkeit der Regierung, daran gewöhnt, daß gegenüber den Germanen in des Kaisers Dienst eine Ausnahme gemacht wurde. Doch war mit dem arianischen Glauben eine nicht zu übersehende Trennungslinie gegeben. Das konnte dem König, der, wie wir sehen werden, keine Vermischung seiner Goten mit den Römern wünschte, nur recht sein. Nicht als ob Theoderich nun etwa auf sein Arianertum gepocht hätte. Der Aufenthalt in Konstantinopel muß ihn besonders auf diesem Gebiet die nötige Vorsicht gelehrt haben, und da er in des Kaisers Namen nach Italien kam, brauchten die Römer nicht zu fürchten, daß er wie die Wandalenkönige oder wie der Westgote Eurich[1] aus Römerfeindschaft ein Feind der Katholiken sei. Auch konnte beruhigend wirken, daß des Königs Mutter Ereleuva Katholikin war. So wird es neben dem persönlichen Willen Theoderichs vielleicht auch schon die Erfahrung eines langen Aufenthaltes im Osten, wo man selbst Duldung erfahren hatte, gewesen sein, die dazu führte, daß offenbar dem ostgotischen Arianismus und seiner Geistlichkeit der Antrieb zu propagandistischer Betätigung gefehlt hat. Der König wollte tolerant sein. Der Gedanke, der in einem Erlaß an die Juden von Genua Ausdruck fand: „Wir können eine Religion nicht befehlen, weil sich ja niemand zwingen läßt, daß er wider seinen Willen glaube", gehört sicher ihm selbst. Kein Römer seiner Zeit hätte ihn zu äußern gewagt. Denn rund ein Jahrhundert war vergangen, seit Ammianus Marcellinus dem Kaiser Valentinian I. das Lob gespendet hatte, dadurch habe sich seine Regierung ausgezeichnet, daß er in Religionsstreitigkeiten unparteiisch blieb und niemand beunruhigte, noch befahl, das oder jenes zu verehren. Doch Ammian gehörte jenen heidnischen Kreisen an, die im Endkampf um ihre Weltanschauung den Toleranzgedanken zur Selbstverteidigung benützten. Die Zeiten hatten sich geändert. Daher klingt das Lob des Theoderich freundlichen Ravennater Chronisten nicht ganz so voll, und dennoch ist sein Urteil über den Amaler nicht weniger bedeutsam: „Er lenkte in einem die beiden Völker der Römer und Goten, wohl war er selbst Anhänger der arianischen Sekte, doch unternahm er nichts gegen den katholischen Glauben." Selbstverständlich erwartete er umgekehrt, daß sein und der Goten Arianertum unangefochten bleibe. Es ist kein Widerspruch zu dieser von Anfang an verfolgten klaren Linie, wenn der König in der Tat eine Zeitlang gehofft haben mag, seinen Schwager Chlodovech für seine eigene Glaubensrichtung zu gewinnen, war doch sicher die Audefleda[2] Arianerin geworden und ebenso ihre Schwester Lantechildis, bis diese dann, als sich ihr Bruder anders entschied, zum Katholizismus übertrat. Trotz alledem konnte aber der Mann, der an des Kaisers statt die Herrschaft zu führen gekommen war, bei aller Zurückhaltung gegenüber kirchlichen Dingen nicht völlig unbeteiligt bleiben, auch wenn es ihm fürs erste nicht unbequem erscheinen mochte, daß das Interesse der römischen Katholiken zur Zeit des Werdens seiner Herrschaft durch einen anderen Zwiespalt viel stärker in Atem gehalten wurde.

Anmerkungen:

[1]) König der Westgoten, 466–484.
[2]) Schwester des Frankenkönigs Chlodovech; heiratete 493 Theoderich.

Arbeitsauftrag:

1. Vergleichen Sie diese Darstellung mit den Aussagen zur Religionspolitik Theoderichs in Q 44 und nehmen Sie dazu Stellung.

Q 46 *Verfall des Grenzschutzes an der Donau*

Aufschluß zu den Verhältnissen nach 450 im Donauraum vom bayrischen Künzing bis Wien sowie zu Fragen der Kontinuität gibt – ungeachtet legendärer Züge – die von seinem Schüler Eugippius, dem Abt eines Klosters bei Neapel, nach 511 verfaßte Lebensbeschreibung des Severinus (Vita Severini, lateinisch und deutsch, mit Kommentar von R. Noll, ²1963). Severin, der 482 in Mautern (Donau) starb, wirkte seit etwa 460 als Seelsorger und Helfer in allen Nöten, z. B. auch in der Landesverteidigung, in Ufernorikum.

Zur Zeit, da der Hunnenkönig Attila sein Leben beschloß, herrschten in Ober- und Niederpannonien sowie in den übrigen Grenzmarken an der Donau unsichere, verworrene Zustände. Damals kam auf der Fahrt aus dem Morgenlande der hochheilige Gottesdiener Severin in die Gebiete, wo sich Ufernoricum und die Pannoniergaue berühren, und nahm in dem Städtchen Asturis [heute Klosterneuburg bei Wien] Aufenthalt. Hier lebte er gemäß den Lehren der Evangelien und Apostel in aller Frömmigkeit und Sittenreinheit und erfüllte im Geiste der katholischen Religion durch fromme Werke sein heiliges Mönchsgelübde ... Sodann wandte er sich der nächstgelegenen Ortschaft zu; sie hieß Comagenis [heute Tulln, Donau]. In ihren Mauern wohnten Barbaren, die mit Rom verbündet waren: deswegen stand sie unter strengster Bewachung und niemand erhielt leicht die Erlaubnis zu ihrem Betreten oder Verlassen ... In der Zeit, da das Römerreich noch bestand, unterhielt man in zahlreichen Ortschaften auf öffentliche Kosten Wehrleute zur Beaufsichtigung des Grenzwalles. Mit dem Auflassen dieser Einrichtung verschwanden die militärischen Bedeckungen und damit geriet auch der Grenzwall in Verfall. Nur die Abteilung zu Batavis [heute Passau] hielt sich noch, so gut sie konnte. Von ihr waren etliche Mann nach Italien aufgebrochen, um für ihre Kameraden die letzte Löhnung zu holen. Allein sie waren auf dem Marsch dahin von den Barbaren niedergemacht worden, ohne daß eine Seele davon erfuhr ... Mittlerweile traten die Bewohner [von Batavis] an den seligen Mann mit der Bitte heran, er möge sich zu Fewa, dem Fürsten der Rugier, begeben und für sie eine Handelserlaubnis erwirken. Ihnen antwortete er: „Die Zeit ist für diese Stadt gekommen, wo sie öde – wie die übrigen Kastelle am Oberlauf – und von ihren Einwohnern verlassen daliegen wird. Wozu soll man also für Orte Waren vorsehen, wo künftig ein Kaufmann gar nicht erscheinen kann?" Sie antworteten daraufhin, er solle sie doch nicht geringschätzig behandeln, sondern in gewohnter Umsicht unterstützen ... Dann fuhr er zu Schiff die Donau hinab in sein altes Kloster, welches das größte von allen war und über hundert Meilen entfernt vor den Mauern der Stadt Favianis [heute Mautern] lag. Kurz nach seiner Abfahrt überfiel Hunumund in Begleitung einiger Barbaren die Stadt Batavis, wie es der Heilige prophezeit hatte; und während fast alle Einwohner mit der Ernte beschäftigt waren, ließ er die vierzig Männer, die zur Bewachung der Stadt zurückgeblieben waren, umbringen.

Nach Eugippius befahl nun Onoulf, einer Weisung seines Bruders (Odoaker) folgend, sämtlichen Römern, nach Italien abzuwandern.

Da führte man denn die ganze Bevölkerung, wie aus dem Heim der ägyptischen Knechtschaft, aus diesem Gebiete fort, wo sie unter der täglichen Roheit unaufhörlicher Plünderungen geschmachtet hatte, und sie sah die Prophezeiungen des heiligen Severin sich erfüllen. Der Comes Pierius trieb sie allesamt zum Abmarsch an ... Mit uns zogen den gleichen Weg die ganzen Provinzbewohner, die nun die Ortschaften am Donaustrande verließen, nach verschiedenen Gegenden Italiens pilgerten und dort neue Heimstätten erhielten. Den Leib des Heiligen aber brachte man nach beträchtlich langer Fahrt in ein Kastell namens Mons Feletrus [heute S. Leo in Monte Feltre bei San Marino] ...

Arbeitsauftrag:

1. Seit wann hatten an der Donaugrenze die Abwehrkämpfe gegen die Germanen eingesetzt?

2. In welchen Formen und Etappen vollzog sich der Abzug der Römer aus den Donauprovinzen?

3. Welche Völker rückten in diesen Herrschaftsbereich nach? In welchen Zeiträumen geschah das?

4. Auf welchen Gebieten kam es zu einer Übernahme römischer Lebensformen? Wie läßt sich eine solche Kontinuität heute noch feststellen?

VII Zur Kulturgeschichte der Spätantike

Einblick in die kulturellen Leistungen einer Umbruchszeit.

Q 47 *Kodifikation des römischen Rechtes*

Mit dem Ziel rascherer Orientierung über geltendes Recht entstanden gegen 300 n. Chr. erste private Sammlungen der Kaisergesetze seit Hadrian. Auf Befehl des Kaisers Theodosius II. wurde der 438 publizierte Codex Theodosianus (hrsg. von Th. Mommsen 1905, Neudruck 1954; engl. Übers. v. C. Pharr 1952) geschaffen, eine Sammlung seit 312 n. Chr. ergangener Gesetze, in 16 Büchern, geordnet nach Sachgebieten (vgl. Q 13 f., Q 22). Dabei wurde ursprünglich zusammengehöriges getrennt, einiges wiederholt zitiert, im Wortlaut verändert. Mehr Veränderungen (Interpolationen) durch die Redaktoren bietet der in der Fassung von 534 vorliegende, alle noch geltenden Kaisergesetze enthaltende Codex Justinianus. Dieses Gesetzgebungswerk, das auf die Entwicklung der europäischen Rechtswissenschaft und die Gesetzgebung bis ins 20. Jhdt. vielfältig einwirkte, wurde später als Corpus Iuris Civilis (ed. P. Krueger, Th. Mommsen, R. Schöll, W. Kroll, Berlin 1954) bezeichnet. In ihm sind ferner die 533 publizierten Digesten und Institutionen enthalten. Erst nach Justinians Tod wurden seine seit 534 erlassenen Gesetze, die Novellae, herausgegeben. Anders als in den Codices haben wir hier die Gesetze nebst der Präambel im ursprünglichen Wortlaut.
In der am 16.12.533 erlassenen Constitutio Tanta, gerichtet an Senat und Volk, heißt es zur Inkraftsetzung der Institutionen und Digesten (Codex 1, 17, 2; hier abgedruckt nach Arend, Nr. 844):

IN NOMINE DOMINI DEI NOSTRI JHESU CHRISTI
IMPERATOR CAESAR FLAVIUS JUSTINIANUS
ALAMANNICUS GOTHICUS
FRANCICUS ANTICUS ALANICUS VANDALICUS
AFRICANUS
PIUS FELIX INCLUTUS VICTOR AC TRIUMPHATOR
SEMPER AUGUSTUS
AD SENATUM ET OMNES POPULOS

So groß ist die Vorsorge der göttlichen Güte [divinae humanitatis] Uns gegenüber, daß sie Uns immer der Unterstützung durch ewige Schenkungen für würdig erachtet. Nachdem nämlich die Perserkriege durch ewigen Frieden zur Ruhe gebracht sind, das Volk der Vandalen vernichtet und Karthago, nein, vielmehr ganz Libyen dem Römischen Reich wieder angegliedert ist, ließ sie Uns zuteil werden, daß auch die alten Gesetze, die schon entkräftet darniederlagen, durch Unsere unermüdliche Sorge in einer besonnenen Zusammenfassung zu neuer Schönheit erstanden: Was vor Unserer Regierung nie einer zu hoffen gewagt und ganz und gar für menschlichem Geiste unmöglich gehalten hätte. War es doch eine an ein Wunder grenzende Leistung, das, was bei den Römern von der Gründung der Stadt bis zu den Zeiten unserer Regierung – in einem Zeitraum von nahezu 1400 Jahren – gesetzlich festgelegt war, was ständig gegeneinander rang und schwankte und seine Widersprüche noch auf die kaiserlichen Verordnungen [constitutiones] ausdehnte, in eine einzige Harmonie zu überführen, so daß nichts sich Widersprechendes, nichts gleich oder ähnlich Lautendes sich darin findet, daß nirgends doppelte Gesetze für ein und denselben Rechtsverhalt in Erscheinung treten. Solche Leistung stand freilich nur der himmlischen Vorsehung an, menschlicher Schwäche wäre sie in keiner Weise möglich gewesen ...
Und zwar haben Wir die Verordnungen der Kaiser [constitutiones], verteilt auf zwölf Bücher, schon früher im ‚codex‘, dem Unser Name voranleuchtet, zusammengestellt. Als Wir aber danach das Haupt-Werk in Angriff nahmen, haben Wir die mit höchstem Streben erarbeiteten Werke der alten Zeit, die schon nahezu in Verwirrung und Auflösung geraten waren, demselben erhabenen Manne [dem Magister officiorum Tribonianus] in die Hand gegeben, sie zu sammeln wie in eine klare Ordnung zu bringen. Indem Wir nun alles durchforschten, wurde Uns von der erwähnten Exzellenz vorgetragen, daß fast 2000 Bücher von den alten Juristen geschrieben und mehr als 3 Millionen Zeilen veröffentlicht waren, die man sämtlich durchlesen und überprüfen mußte, um jeweils das Beste auszuwählen. Dies ist mit göttlicher Erleuchtung und der Gnade der höchsten Dreieinigkeit vollendet worden gemäß Unseren ersten Anordnungen an Exzellenz Tribonianus; alles, was immer sich als das Brauchbarste erwiesen hat, ist in 50 Büchern gesammelt worden: alle Unklarheiten sind beseitigt, kein Widerspruch ist stehen geblieben. Diesen Büchern haben wir den Namen Digesten oder Pandekten beigelegt, weil sie alle rechtlich anerkannten Erörterungen und Entscheidungen umfassen und alle von jeder Seite gesammelten Bestimmungen in ihren Inhalt aufgenommen haben, indem sie das ganze Werk in nur ungefähr 150 000 Zeilen zusammenfassen. ...
Da Wir aber voraussahen, daß ungeübte Leute, die in den ersten Vorhöfen der Gesetze stehen und zu ihrem Inneren erst vordringen wollen, nicht geeignet sind, eine solche Last der Weisheit auf ihre Schultern zu nehmen, waren Wir der Ansicht, es müsse ein weiterer, einfacherer Weg zur Unterweisung geschaffen werden, ... darum haben Wir der Exzellenz Tribonianus, die zur Leitung des ganzen Werkes erwählt ist, unter Hinzuziehung der erlauchten und hochberedten Professoren Theophilus und Dorotheus den Auftrag gegeben, die Bücher der alten Juristen, die die Anfangsgründe der Gesetze enthielten und Einführungen [institutiones] genannt wurden, gesondert zu sammeln und was von ihnen nützlich und geeignet ist und von allen Seiten ausgefeilt und als im Einklang mit den heutigen Rechtsbräuchen stehend befunden wird, zusammenzufassen und in vier Büchern niederzulegen und so die ersten Grundlagen und Anfangsgründe der ganzen Unterweisung aufzustellen, auf die gestützt die jungen Leute den schwierigen und vollkommeneren Gesetzesverordnungen gewachsen sein können.

Q 48 Einige Rechtsgrundsätze aus den Digesten

(Abdruck nach Arend, Nr. 845)

1,1,10: Gerechtigkeit ist der beständige und dauernde Wille, jedem das ihm Gebührende zuzuteilen. Die Rechtswissenschaft ist die Kenntnis der göttlichen und menschlichen Dinge, die Wissenschaft dessen, was Recht und was Unrecht ist. Die Gebote des Rechts sind folgende: ehrenhaft leben, den Nächsten nicht schädigen und jedem das Seine zukommen lassen.

1,3,17: Gesetze kennen bedeutet nicht, sich ihre Worte aneignen, sondern ihren Sinn und ihre Tragweite.

1,3,19: Bei unklarem Wortlaut des Gesetzes muß man lieber den Sinn wählen, der nichts Unzuträgliches ergibt, zumal wenn daraus auch ein Schluß auf die Absicht des Gesetzgebers gezogen werden kann.

1,3,25: Die Idee des Rechtes und die abwägende Billigkeit gestatten nicht, daß wir durch härtere Auslegung gegen den Vorteil der Menschheit in Strenge umwandeln, was erst zu ihrem Heil und Nutzen eingeführt ist.

1,3,29: Gegen das Gesetz handelt, wer tut, was das Gesetz verbietet. Es umgeht aber das Gesetz der, der zwar genau den Wortlaut des Gesetzes beachtet, sich um seinen Sinn aber herumdrückt.

1,3,32: In den Fällen, wo wir kein geschriebenes Recht besitzen, muß man beachten, was durch Sitte und lange Gewohnheit eingeführt ist.

22,3,2: Demjenigen obliegt es, den Beweis zu erbringen, der [etwas Rechtserhebliches] behauptet, nicht dem, der leugnet.

50,17,10: Es ist naturgemäß, daß die Vorteile einer Sache dem zukommen, den auch ihre Lasten treffen.

50,17,48: Was in der Hitze des Zorns geschieht oder gesagt wird, das hat nicht eher Gültigkeit, als bis sich aus der Aufrechterhaltung der Gesinnung gezeigt hat, daß es echter innerer Entschluß war.

50,17,56: In Zweifelsfällen ist immer die wohlwollendere Auslegung vorzuziehen.

50,17,69: Niemandem wird gegen seinen Willen eine Rechtswohltat aufgedrängt.

50,17,147: Das Besondere ist im Allgemeinen immer eingeschlossen.

50,17,207: Das ergangene Urteil muß als Wahrheit angenommen werden.

1,5,3: Die wichtigste Unterscheidung im Personenrecht ist, daß alle Menschen entweder frei oder Sklaven sind.

48,17,1: Jemanden zu verurteilen, ohne ihn gehört zu haben, verbietet die Rücksicht auf die Billigkeit.

48,19,18: Wegen bloßer Gedanken wird niemand bestraft.

50,16,131: Eine Strafe wird nicht verhängt, außer wenn sie im Gesetz oder in irgendeiner Rechtsvorschrift für diese Strafart besonders angedroht ist.

48,19,5: Auf bloße Verdachtsmomente hin jemanden zu verurteilen, geht nicht an, wie der gottgewordene Traianus den ... im Reskript anwies: es sei besser, wenn einmal die Tat eines Schuldigen ungesühnt bleibt, als wenn man einen Unschuldigen verurteilt.

48,19,20: Die Strafe wird verhängt zwecks Besserung der Menschen.

48,19,11,2: Ein Verbrechen wird begangen mit Absicht, im Affekt oder fahrlässig.

48,19,11: (Marcianus im 2. Buch über die öffentlichen Verfahren)
Weder dem Ruhm der Strenge noch dem der Milde ist nachzustreben, sondern für jede Sache ist so, wie gerade sie es verlangt, die Entscheidung zu treffen, und zwar unter genauer Abwägung des Urteils.

48,19,16,10: ... Dazwischen kommt es auch vor, daß die Strafen mancher Verbrechen verschärft werden, wenn es nötig ist, ein Exempel zu statuieren, weil allzuviele Leute einem Laster frönen.

VIII Nachwirkungen der Spätantike

Einblick in das Weiterwirken spätantiker Lebensformen

Q 49 Die Kontinuitätsfrage in der Wissenschaft

J. Vogt, den wir zu einem anderen Problem bereits in Q 11 zitierten, schreibt in der Einführung zu seinem Werk „Der Niedergang Roms. Metamorphose der antiken Kultur", 1965, S. 15 ff.:

In derselben Zeit, in der die genannten Forscher den Abgrund aufgezeigt haben, der zwischen der antiken Welt und dem europäischen Mittelalter bestehen soll, haben andere die politischen, gesellschaftlichen und kulturellen Zusammenhänge dieser beiden Zeitalter und Kulturstufen ins Auge gefaßt. Im Gegensatz zu den antiken Historikern, welche die moralische Zersetzung des römischen Volkes betonen, und im Widerspruch mit den Humanisten, die das europäische Mittelalter als ein dunkles Jahrtausend zwischen der antiken und der modernen Kultur betrachten, haben Gelehrte verschiedener Nationen die Fortdauer antiker Einrichtungen und den Weiterbestand der antiken Bildung hervorgehoben. Dieser Nachweis der historischen Kontinuität ist zuerst auf dem Boden versucht worden, auf dem es zur engsten und tiefsten Berührung zwischen Römern und Germanen gekommen ist, in Gallien. N. D. Fustel de Coulanges hat seit 1874 die Zusammenhänge zwischen den Einrichtungen des spätrömischen Reiches und der Organisation des fränkischen Staates aufgezeigt. Es ist ihm gelungen, die Erhaltung und Weiterbildung wesentlicher Elemente der Verfassung und der Verwaltung nachzuweisen, besonders in den Formen der Monarchie und im Lehenswesen. Diese Erkenntnis, daß die germanische Einwanderung in Gallien die antike Kultur nicht zerstört hat, ist durch jüngere Forschungen vielfach gestützt worden. A. Dopsch hat in seinem Werk *Wirtschaftliche und soziale Grundlagen der europäischen Kulturentwicklung von Caesar bis auf Karl den Großen* (1918) die historische Kontinuität für den ganzen Raum, der von den germanischen Invasionen erreicht wurde, in Anspruch genommen und sich dabei nicht nur auf literarische Quellen, sondern auch auf das Material der archäologischen Grabungen berufen. Einzelne Thesen dieses Buches sind später berichtigt worden; vor allem haben die bedeutenden Unterschiede, die in der Besiedlung und Wirtschaft der verschiedenen Landschaften bestehen, und die neuen Ansätze der germanischen Welt eine bessere Würdigung erfahren. Aber es sind auch weitere Verteidiger der Kontinuität in den westlichen Ländern des römischen Reiches aufgetreten; für das oströmische Reich ist der Zusammenhang zwischen der antiken und der byzantinischen Kultur kaum je bestritten worden. Es sei vor allem auf das gehaltvolle Buch von Ch. Dawson, *The Making of Europe (Die Gestaltung des Abendlandes*, 1935) hingewiesen. Hier ist für den Bereich der Bildung und für das christliche Leben die tiefe Verbundenheit zwischen der antiken Welt und dem Abendland anschaulich gemacht. Erwähnung verdient noch der kühne Versuch von H. Pirenne, der in seinem berühmt gewordenen Buch *Mahomet et Charlemagne (Geburt des Abendlandes*, 1941) die Grenzscheide zwischen der antiken Kultur und dem Abendland neu bestimmen wollte. Nicht die Invasion der Germanen, auch nicht das Ende des weströmischen Reiches habe eine Zäsur gebracht, denn auch der Staat der Merowinger stehe noch in lebendigem Kontakt mit der spätrömischen Welt und in regem Austausch mit dem ganzen Mittelmeergebiet; erst die arabische Eroberung habe das Reich der Franken vom Mittelmeer abgedrängt und in den Binnenraum verwiesen, jetzt erst sei der kulturelle Zusammenhang durchbrochen worden.

Arbeitsauftrag:

Legen Sie dar, weshalb im Untertitel „Metamorphose der antiken Kultur" bereits angedeutet ist, welche Stellung der Autor zur Kontinuitätsfrage einnimmt.

Begriffsglossar

Zu den folgenden und weiteren Begriffen vgl. die im Literaturverzeichnis angegebenen und sonstige Nachschlagewerke, z. B. auch Konversationslexika. Nicht zuletzt sei auf das Register verwiesen (S. 45).

Arianer: Sammelbezeichnung für die verschiedenen Anschauungen folgenden Anhänger der Lehren des Arius (vgl. S. 8; Q 20). Diesen Lehren folgten u. a. auch viele Germanen (s. Q 35, A. 2)

Barbar (barbarisch): griechisch „barbaros", bezeichnet den Fremden, nicht griechisch Sprechenden (so schon Homer, Ilias, 2, 867; auch noch im 4. Jhdt. n. Chr. in diesem Sinne gebräuchlich); in der römischen Kaiserzeit speziell (oft mit negativer Ausdeutung: „roh, unmenschlich") für die Völker außerhalb des Imperiums (z. B. die germanischen, in sich ja nie eine Einheit bildenden Stämme); später, seit dem 4. Jhdt., auch für Ungläubige (Nichtchristen).

Byzanz (byzantinisch): ausgehend von Byzantion, dem bis zum 7. Jhdt. v. Chr. zurückzuführenden Namen der Stadt, an deren Stelle Konstantin d. Gr. durch Erweiterung die neue Hauptstadt Konstantinopel gründete (s. Q 32) bezeichnet man in der Forschung (oft schon für die Zeit von ca. 330 n. Chr. an) das Oströmische Reich und die sich dort entwickelnde Kultur als byzantinisch; seit Ende des 19. Jhdts. gilt Byzantinistik als selbständige wissenschaftliche Disziplin.

collegia (Kollegien): benennt meist Vereine aller Art (Berufs-, Kult-, Begräbnisvereine) mit öffentlich-rechtlichem Charakter. Die ursprünglich freiwillige Mitgliedschaft wurde im 4. Jhdt. bei immer mehr Berufen verpflichtend (s. a. Zünfte des Mittelalters) und für die Erben bindend (vgl. Q 13). Manche collegia verstanden es, ihre Monopolstellung zugunsten ihrer Mitglieder durch Kartellbildung zu nutzen.

Dekumatland: „decumates agri" (so Tacitus, Germania, 29), Gebiet zwischen Rhein – Main – Neckar; entweder steuerrechtlich als „Zehntland" oder verwaltungsrechtlich als „Zehnland" zu deuten.

Diözese: griechisch „dioikesis", allgemein Verwaltung (belegt seit dem 4. Jhdt. v. Chr.), später Verwaltungsbezirk, seit dem 4. Jhdt. n. Chr. Mittelinstanz zwischen Provinz und Präfektur (vgl. S. 7), geleitet von einem vicarius (um 400 gab es 15 Diözesen). Seit dem 4. Jhdt. wird D. allmählich auch für den Amtsbereich eines Bischofs gebraucht.

Dominat: abgeleitet von „dominatus" (Oberherrschaft, Willkürherrschaft – belegt seit Cicero); seit dem 19. Jhdt. bezeichnet Dominat das spätantike Kaisertum. (vgl. Q 9 f.).

Germanen: (vgl. S. 8 f. und Q 34 f.) Die in historischer Zeit nie eine Einheit bildenden, in viele Stämme und Völkerschaften aufgeteilten Germanen (so benannt wohl durch die Kelten; Bezeichnung G. zuerst bei Caesar) gehören zur indogermanischen Sprach- und Völkerfamilie. Umstritten sind Fragen, ihre „Urheimat" und frühe Wanderungen betreffend; um Christi Geburt hielten sie sich vorwiegend in der norddeutschen Tiefebene und in Skandinavien auf. Die G., die man verschiedenen Kulturen – benannt meist nach den Hauptfundorten – zuordnet, kannten als Schriftzeichen nur schwer erlernbare Runen, deren Deutung und Verbreitung noch nicht endgültig geklärt wurde; sie brachten keine eigene Literatur hervor (vgl. Q 35 zu Ulfila). So stehen, vom – besonders für Bestattungsbräuche ergiebigen – archäologischen Material abgesehen, meist nur Notizen römischer Autoren zur Verfügung. Über die G. der frühen Kaiserzeit, über Staats- und Gesellschaftsordnung sowie Religion ist wichtigstes Zeugnis: Tacitus, Germania. Aus der Spätantike sei neben Notizen bei Ammianus, Eugippius und Procopius (vgl. Q 34 ff.) die Mitte des 6. Jhdts. entstandene Gotengeschichte des Jordanes hervorgehoben; sie basiert auf einem verlorenen Werk von Theoderichs Ratgeber Cassiodorus. Erste Berührung der G. mit den Römern waren die Züge der von Marius 102/101 v. Chr. besiegten Kimbern und Teutonen. Schon unter Augustus finden wir G. im römischen Dienst (vgl. Q 34).

Heiden (heidnisch): christliche Sammelbezeichnung für Nichtchristen, Mitglieder oder Anhänger sehr verschiedenartiger, nichtchristlicher Religionsgemeinschaften bzw. Kulte. Seit dem 4. Jhdt. im griechischen Sprachgebrauch „hellenes" oder „barbaroi", lateinisch (amtlich zuerst im Codex Theodosianus XVI, 7, 1 von 381) „pagani", im Sinne bäuerlich, oder „gentiles" (dies manchmal auch für Barbaren) benannt.

Imperium: die nur den höchsten Magistraten der römischen Republik (Diktator, Konsul, Prätor) übertragene Amtsgewalt; umfaßte zivile u n d militärische Kompetenz, auch bei nach Konsulat oder Prätur ausgeübtem Prokonsulat bzw. Propätur. Der Inhaber des imperium maius (Augustus – ständig seit 23 v. Chr.) war sonstigen Imperiumsträgern übergeordnet.

Limes: ursprünglich Grenzweg zwischen zwei Grundstücken; in Bedeutung „Reichsgrenze" zuerst bei Tacitus. Seit Ende des 1. Jhdts. n. Chr. wurde der in den meisten Grenzgebieten des Imperium Romanum noch feststellbare, strategisch gesehen nicht immer optimal verlaufende L. militärisch abgesichert. Etwa 550 km lang, begann der L. zwischen Andernach und Linz am Rhein und endete westlich von Kehlheim an der Donau. Um 150 war vor einer Kette von Wachtürmen und Kastellen ein Palisadenzaun (nach 200 im Süden durch Mauer ersetzt) angelegt worden. Der um 400 endgültig aufgegebene obergermanisch-rätische L. ermöglichte in dem von ihm abgegrenzten Gebiet eine ruhige Romanisierung und ist daher für die Frage der Kontinuität nicht ohne Bedeutung. Der Terminus L. wurde später auch für Gebietsabgrenzungen des Frankenreichs verwendet.

magister: Titel für verschiedene römische Beamte: seit dem 4. Jhdt. n. Chr. der m. militum für die Reichsfeldherrn (neben zwei magistri am Hof gab es im späteren 4. Jhdt. noch m. für einzelne Sprengel wie den Orient, Thrakien, Illyrien, Gallien) und der m. officiorum als Chef des zentralen Hofamtes, dem die Kanzleien, die Leibgarde, der „Staatssicherheitsdienst" unterstanden, der damit oberster Kontrolleur der Verwaltung war.

Mönchtum: Seine Wurzel ist die urchristliche Askese (Keuschheit, Einschränkung in Speise, Trank, Schlaf), vom 3. Jhdt. an verbunden mit Weltflucht. Um 300 wurden erste Einsiedlerkolonien in der ägyptischen Wüste durch den später heiliggesprochenen Antonius begründet, etwa um 320 folgt das erste Kloster in der Thebais (Ägypten). Basilius, Bischof von Caesarea (gest. 379), forderte Gemeinschaft als mönchische Lebensform; noch heute besitzen seine Regeln für den Osten Gültigkeit. Daneben gab es auch weiterhin Einsiedelei und ähnliche Formen des M.; für den Westen bestimmend wurde die regula monachorum des Benedikt von Nursia (480–547; deutsch bei H. U. v. Balthasar, Die großen Ordensregeln, ²1961) – vgl. Q 15 und Q 37, A.1.

Monophysiten: Für die in verschiedene Richtungen aufgespaltenen M. entstand mit dem Erscheinen Christi auf Erden aus der göttlichen und menschlichen Natur *e i n e Natur göttlicher Art*. Schon seit 375, endgültig seit dem Konzil von Chalkedon (451) als Häretiker angesehen, waren die M. – heute noch im westlichen Syrien anzutreffen – so stark, daß man immer wieder nach Kompromissen mit ihnen suchen mußte.

Neuplatoniker (Neuplatonismus): Von den Lehren Platons ausgehende Philosophen, die allmählich alle Richtungen antiker Philosophie vereinten. Als Begründer der Schule gelten Plotin (205–270; aus Ägypten, seit 244 in Rom) und sein christenfeindlicher Schüler Porphyrios (ca. 235–305; seit 262 meist in Rom), der die Lehren des Aristoteles in den N. eingliederte. Seit dem 4. Jhdt. hat der N. auf Heiden und Christen gleichermaßen eingewirkt. Im Mittelalter und teils darüber hinaus behielt er in West und Ost (Byzanz) entscheidenden Einfluß.

Papst: griechisch „papas", lateinisch „papa", drückt als Anrede (seit dem 4. Jhdt. für die Bischöfe von Rom, aber auch Alexandria aufkommend) besondere Ehrerbietung aus. Ein Ehrenvorrang wurde den als Nachfolger Petri geltenden Bischöfen von Rom bereits seit etwa 100 n. Chr. zuerkannt. Doch machten erst römische Bischöfe (seither Päpste) wie Innozenz I. (402–417) und Leo d. Gr. (440–461) den Rechtsanspruch auf Oberaufsicht über die Kirche (Primat) nachhaltig geltend.

praefectus praetorio: Seit dem 2. Jhdt. v. Chr. Befehlshaber der Garde. In der Regel bekleideten diese Präfektur zwei Ritter, die später auch mit zivilen, besonders richterlichen Funktionen (daher im 3. Jhdt. hervorragende Juristen als p. p.) ausgestattet waren. Seit etwa 300 unterstand den nunmehr senatorischen (drei oder vier) p. p. – bei Wegfall der militärischen Befugnisse – je einer der großen Reichsbezirke (Präfektur – s. S. 7).

praepositus: Titel von Vorgesetzten in Ämtern der Verwaltung; der p. sacri cubiculi war seit Konstantin d. Gr. Oberstkämmerer am Hof und wie die ihm unterstellten cubicularii Eunuch. Dank ständigen Umgangs mit den Kaisern wurden die praepositi sacri cubiculi oft sehr mächtig.

procurator(es): In der späteren Kaiserzeit (bis ca. 260) Beamte aus dem Ritterstand. Auf spezielle Kompetenzen verwies der Amtstitel, auf den Rang die Einordnung in Gehaltsstufen: um 180 gab es 42 sexagenarii (Jahresgehalt von 60 000 Sesterzen), 48 centenarii (100 000 Sesterzen; darunter die Statthalter von Rätien und Noricum), 33 ducenarii (200 000; darunter die Chefs der großen Kanzleien in Rom) und einen trecenarius (300 000) – vgl. S. 6.

Senat (Senatorenstand): Die Körperschaft des Senates (zwischen 600 und 1000 Mitgliedern), in der Republik von entscheidendem Einfluß auf die Regierung des Reiches, verlor in der Kaiserzeit trotz mannigfacher Kompetenzen immer mehr an faktischer Gewalt. Dennoch behielten selbst nicht dem Senat angehörende Mitglieder des Senatorenstandes (seit dem 2. Jhdt. einschließlich Frauen und Kindern mit dem Titel „clarissimus") höchstes Ansehen und bildeten auch noch in der Spätantike die soziale Oberschicht. Ihr Reichtum beruhte auf Grundbesitz. Nach Schaffung eines eigenen (bis 1453 existierenden) Senates in Konstantinopel (kurz nach 330 – vgl. Q 28) war der Senat von Rom lediglich noch ein Stadtrat unter Vorsitz des Stadtpräfekten (vgl. S. 6 f.).

Sklaven (Sklaverei): Eigentum des jeweiligen Herrn, rechtlich unfrei, gab es S. in der griechisch-römischen Welt schon in der Zeit der homerischen Epen (8./7. Jhdt. v. Chr.). Zunehmend seit etwa 600 v. Chr., kam der Sklaverei freilich nie die umfassende Bedeutung zu, die ihr in der marxistischen Forschung (seit Karl Marx und Friedrich Engels bezeichnet diese die griechisch-römische Antike als Epoche der Sklavenhalterordnung) nachgesagt wird. Da Kriegsgefangenschaft seit jeher die Hauptquelle der Sklaverei war, nahm die Zahl der S. in Rom besonders in der Zeit der großen Eroberungen stark zu (nach H. Volkmann wurden zwischen 250 und 150 v. Chr. ca. 250 000 Menschen versklavt), verringerte sich jedoch mit Abnahme der Kriege in der frühen Kaiserzeit. Dennoch gab es auch um 400 n. Chr. noch Güter mit tausenden von S. (vgl. Q 15). Nur ausnahmsweise wandten sich Christen auch in der Spätantike gegen die Institution der Sklaverei, da ja Herren und S. vor Gott als gleich galten, man die Sklaverei (wie einst z. B. schon Plato) als notwendigen Bestandteil menschlicher Ordnung ansah. Häufiger wurde seit der Zeit Konstantins d. Gr. Freilassung von Sklaven als gutes Werk bezeichnet. Menschliche Behandlung der S. (nicht Abschaffung der Sklaverei!) wurde bereits seit dem 5. Jhdt. v. Chr. (besonders durch

	Philosophen verschiedener Richtungen) immer wieder gefordert. Die Bedeutung der S. für die Sozial- und Wirtschaftsgeschichte des 2.–6. Jhdts. wird von den Marxisten immer noch überschätzt (dazu Koch bei Christ, Untergang, S. 425 ff.).
Spätantike:	Seit dem Ende des 19. Jhdts. wurde dieser Begriff für die Zeit vom 4. bis 8. Jhdt. n. Chr. bezüglich der Stilentwicklung der Kunst gebraucht; später gewann er allgemeinere Bedeutung, bei wechselnder Abgrenzung des Zeitraums.
Stoa:	Um 300 v. Chr. in Athen durch Zenon von Kition begründete und bis 250 n. Chr. bestehende Philosophenschule – benannt nach einer Wandelhalle an der Agora von Athen. Stoische Gedanken (später im Neuplatonismus weiterwirkend) und Ideale, z. B. Ordnung und Lenkung der Welt durch göttliche Fürsorge, frommer und sittenreiner Lebenswandel, Pflichterfüllung, beeinflußten philhellenische Kreise Roms schon seit dem 2. Jhdt. v. Chr. (besonders durch Panaitios von Rhodos, 180–110, und seinen Schüler Poseidonios, 135–51 v. Chr.). Später wirkten sie auf das Herrscherideal der Kaiserzeit (Senecas de clementia von 55 n. Chr. ist eine Art Fürstenspiegel stoischer Prägung) und auf die Selbstauffassung römischer Kaiser. Mark Aurels (161–180) Selbstbetrachtungen (deutsche Übersetzungen von Theiler, Capelle u. a.) spiegeln die Gedanken der im 1. u. 2. Jhdt. sehr verbreiteten, überwiegend stoischen Popularphilosophie. Auch die Entwicklung christlicher Philosophie steht unter dem Einfluß der Stoa.
tribunicia potestas:	umfaßt Amtsgewalt und Rechte der Volkstribunen, das Einspruchsrecht (Veto) gegen Akte von Magistraten und Beschlüsse des Senates sowie das Recht mit dem Volk zu verhandeln. Seit 23 v. Chr. wurde die t. p. den römischen Kaisern lebenslänglich übertragen.
Völkerwanderung:	So bezeichnet man häufig die, um 375 durch den Vorstoß der Hunnen (vgl. Q 36) aus den Ebenen Südrußlands nach Westen ausgelöste, das römische Reich bedrängende Wanderwelle germanischer Stämme und Stammesgruppen. Freilich war bereits die Wanderbewegung des 1.–3. Jhdts., von der Ostsee nach Süden und Südwesten, von gleicher Intensität.
Währung(ssystem):	Seit Augustus war ein Aureus (Goldmünze) 25 Denare (Silber) wert, ein Denar 8 Dupondien (Messing) oder 16 Asse (Kupfer). Im 4. Jhdt. wurden dann der Solidus (vgl. Sold! – als Goldmünze seit etwa 310), Miliarense und Siligna (Silber) sowie Follis bzw. Maiorina (Kupfer) zu den wesentlichen Geldsorten. Der Denarius blieb als Recheneinheit (im 4. Jhdt.) $\frac{1}{6000}$ Solidus (vgl. Q 6, Q 8, A.1 und Q 12). Das Prägerecht hatte allein der Kaiser; geprägt wurde in staatlichen Münzstätten, z. B. Trier, Mailand, Thessalonike, Antiochia.

Literaturhinweise

* wichtige, besonders empfohlene Literatur

a) *Nachschlagwerke:*

* W. Arend (Bearbeiter u. Übersetzer), Geschichte in Quellen, Bd. I, Altertum, ²1975
* K. Christ, Römische Geschichte (Einführung, Quellenkunde, Bibliographie), ²1976
* O. Hiltbrunner, Kleines Lexikon der Antike, 1964

Kleiner Pauly, Lexikon der Antike, 5 Bde., 1964–1975 (= Kl. Pauly); als TB 1978

Lexikon der Alten Welt 1965 (= LAW)

Tusculum Lexikon griechischer und lateinischer Autoren, 1974 (TB)

* Putzger, Historischer Weltatlas (Cornelsen, Velhagen & Klasing)

Großer Atlas zur Weltgeschichte (Westermann), ⁸1972

Historischer Weltatlas (Bay. Schulbuchverlag)

dtv-Atlas zur Weltgeschichte I, ¹¹1975 (dtv 3001)

b) *Allgemeine Literatur:*

* G. Alföldy, Römische Sozialgeschichte, 1975
* K. Christ (Hrsg.), Der Untergang des römischen Reiches, 1970 (Aufsätze)

P. Grimal, Römische Kulturgeschichte, 1961

H. Jedin, Kleine Konziliengeschichte, ⁷1966 (TB)

H. Kähler, Rom und sein Imperium, 1976 (Kunst und Kultur)

J. P. Kent/Overbeck/Stylow/Hirmer, Die römische Münze, 1973

E. Kornemann, Weltgeschichte des Mittelmeerraumes, ²1967

* W. Kunkel, Römische Rechtsgeschichte, ⁷1973 (mit Einführung)

* F. G. Maier, Die Verwandlung der Mittelmeerwelt, 1968 (Fischer – Weltgeschichte 9; TB)

Ders. (Hrsg.), Byzanz, 1973 (Fischer – Weltgeschichte 13; TB)

* F. Millar, Das römische Reich und seine Nachbarn, 1966 (Fischer – Weltgeschichte 8; TB)

Th. Pekáry, Die Wirtschaft der griechisch-römischen Antike, ²1979

F. Tinnefeld, Die frühbyzantinische Gesellschaft, 1978

c) *Monographien und Spezialliteratur:*

A. Birley, Marcus Aurelius, 1966 (deutsch: Mark Aurel, ²1977)

* H. v. Campenhausen, Griechische Kirchenväter, ³1961 (TB)

Ders. Lateinische Kirchenväter, ²1965 (TB)

D. Claude, Geschichte der Westgoten, 1970 (TB)

H. J. Diesner, Das Wandalenreich, 1966 (TB)

H. Doerries, Constantin d. Gr., 1956 (TB)

W. Enßlin, Theoderich d. Gr., ²1959

P. E. Hübinger (Hrsg.), Zur Frage der Periodengrenze zwischen Altertum und Mittelalter, 1969 (Aufsätze)

H. J. Kellner, Die Römer in Bayern, ³1974

R. Klein (Hrsg.), Das frühe Christentum im römischen Staat, 1971 (Aufsätze)

Ders., Symmachus, 1971

A. Lippold, Theodosius d. Gr. und seine Zeit, ²1980 (TB)

W. F. Volbach/M. Hirmer, Frühchristliche Kunst, 1958

F. Wieacker, Recht und Gesellschaft in der Spätantike, 1964 (TB)

Register

Namen und Stichworte, die im Quellenteil (Q) bzw. in der Einordnung (S. 6 ff.) behandelt wurden. (vgl. ergänzend auch das Begriffsglossar):

Ambrosius: Q 25
Ammianus: Q 21 u. a.
Aristides: Q 1
Arius: S. 8; Q 20 u. a.
Armee: S. 6, 8
Askese: Q 15, 37, A.1
   → Mönchtum (Glossar)
Attila: Q 40, 41
Augsburg: Q 39
Augustinus: Q 28 u. a.
Aurelianus: S. 7; Q 5
Aurelius Victor: Q 4 u. a.

Batavis (Passau): Q 46

Caracalla: Q 3
Cassius Dio: Q 3
Chlodovech: Q 42
Claudianus: Q 29
Codex Justinianus: Q 47 f.
Codex Theodosianus: Q 13, 14, 47
collegia: S. 7; Q 13
   → Kollegien (Glossar)
Coloni: → Kolonen
Corpus Iuris Civilis: Q 47 f.

Decius: S. 7
Dekurionen: Q 13
Diokletian: S. 7; Q 9–12

Epitome de Caesaribus: Q 4
Eugippius: Q 46
Eusebius: Q 17 u. a.

Galla Placidia: Q 38, A.1
Galerius: Q 16
Gallien: S. 8 f.; Q 37 ff.
Gallienus: Q 4
Geldmünzen: Q 6 f., 8, 12
   → Währung (Glossar)
Germanen: S. 8 f.; Q 34 ff.
Gregor v. Tours: Q 41

Hieronymus: Q 37
Hunnen: Q 36, 40, 41

Italien: Q 44–46

Julianus: Q 21

Justinian: S. 9; Q 44, 47
Kaiserkult: S. 6 f.; Q 9, 11
Kirche: S. 7 f.; Q 16, 23
Köln: Q 39
Kollegien: → collegia
Kolonen: S. 7; Q 14
Konstantin d. Gr.: S. 7 f.; Q 17 ff.
Konstantinopel: Q 32 f.
Kontinuität: S. 9; Q 34, 49
   → Limes (Glossar)
Konzil: S. 8; Q 20, 33

Lactantius: Q 10, 18

Mailand: Q 26
Mainz: Q 37
Marcus Aurelius: S. 6 → Stoa (Glossar)
Maxentius: S. 7; Q 17 f.

Odoaker: Q 44, 46
Orosius: Q 38
Ostgoten: S. 8; Q 36, 44

Papyrus: Q 2, A.1
Pax Romana: S. 6; Q 1
Philosotorgios: Q 35
Pontifex Maximus: S. 6
Priscus: Q 40
Procopius: Q 43

Ravenna: S. 8; Q 26, A. 1
Romidee: S. 8; Q 29 f.

Salvianus: Q 39
Sassaniden: S. 7
Severin: Q 46
Symmachus: Q 24

Theoderich d. Gr.: Q 44 f.
Theodosius d. Gr.: S. 8; Q 22 f., 26 f.
Trier: Q 39

Ulfila: Q 35

Vandalen: Q 43
Victor: → Aurelius Victor

Westgoten: S. 8; Q 36, 38
Wirtschaft: Q 6–8, 12

Zosimus: Q 32